此成果得到了宁夏产教融合示范专业——工商管理专业群建设项目的支持

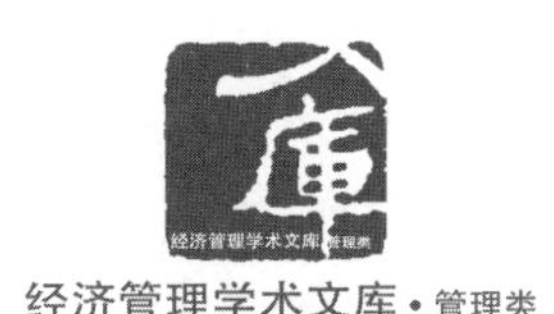

经济管理学术文库 • 管理类

员工薪酬、员工行为与企业价值

Employee Wages, Employee Behavior and Enterprise Value

蒋玉娟／著

图书在版编目（CIP）数据

员工薪酬、员工行为与企业价值/蒋玉娟著. —北京：经济管理出版社，2018.12
ISBN 978-7-5096-6085-0

Ⅰ. ①员… Ⅱ. ①蒋… Ⅲ. ①企业管理—工资管理 Ⅳ. ①F272. 923

中国版本图书馆 CIP 数据核字（2018）第 238403 号

组稿编辑：杨国强
责任编辑：杨国强 张瑞军
责任印制：司东翔
责任校对：王淑卿

出版发行：经济管理出版社
（北京市海淀区北蜂窝 8 号中雅大厦 A 座 11 层 100038）
网　　址：www. E-mp. com. cn
电　　话：（010）51915602
印　　刷：北京晨旭印刷厂
经　　销：新华书店
开　　本：720mm×1000mm/16
印　　张：13
字　　数：186 千字
版　　次：2018 年 12 月第 1 版　　2018 年 12 月第 1 次印刷
书　　号：ISBN 978-7-5096-6085-0
定　　价：68.00 元

前言

中国经济经历了30年的高速发展，建立了面向全球市场的开放型经济新体制，国家财富迅速增长，低廉劳动力优势在这一过程中功不可没。但与高速增长的国民生产总值相比，劳动力并没有充分享受经济高速发展带来的利益回报，员工收入增长速度远落后于经济的增长速度。近几年来，随着新一代农民工入城对自身权益保护意识的增强，加之执行了30年的计划生育政策带来的劳动力人口持续减少现象的出现，更多的企业开始意识到劳动力供需状况的重大转变，为应对这一紧张的局面，做好员工权益保护以获得持续稳定的劳动力资源至关重要。

员工既是企业创造力的源泉，也是企业重要的价值创造者，企业的稳定运营与发展壮大都离不开员工的主动性投入。而员工作为经济人，其向企业贡献智力与体力的同时，必然要求企业支付与其付出相当的回报，并以回报满意度作为自己是否持续努力以及工作去留的决策依据。因此，如何做好员工保障，激励员工努力工作成为理论界和实务界共同关注的课题。近几年来，为缓解收入分配领域出现的一些问题，政府部门对基层员工权益保护的力度逐渐加强，相继颁布了一系列相关法律法规。改革收入分配制度，缩小收入差距成为当前经济领域改革的重点任务之一。

本书的研究在关注普通员工权益的背景下展开。本书以资本结构引发的风险补偿为背景，以“员工薪酬—员工行为—企业价值”为主线，以员工薪酬为主要研究对象，分析薪酬对员工行为的影响，以及员工行为对企业价值的影响，从而确定薪酬对于员工的重要性，以及员工对于企业的重要性。首先，资本结构与员工薪酬的关系，并在此基础上，检验在不同的企业所有权性质、不同企业技术特征以及企业是否处于财务困境下，两者关系的差异。其次，员工薪酬与员工行为的关系，并在此基础上，检验在不同的企业所有权性质与不同企业技术特征下两者关系的差异，同时检验管理层与员工薪酬差异程度、杠杆—薪酬敏感性对于两者关系的影响。再次，员工行为与企业价值的关系，并在此基础上，检验在不同的企业所有权性质、不同企业技术特征以及不同的杠杆—薪酬敏感性下，两者关系的差异。最后，在上述研究的基础上，明确员工薪酬的经济后果，并由研究结论确定资本结构能够影响企业价值的新路径。根据全书理论分析与实证检验结果，提出提高员工薪酬、影响员工行为（降低员工离职、提高员工生产能力以及改善员工知识结构）与提高企业价值的一系列政策建议。

通过理论分析与实证检验，本书发现，在整体上，员工拥有一定的薪酬谈判能力，企业存在基于财务杠杆风险的薪酬补偿，当企业的杠杆水平较高时，员工会获得一定的风险补偿，以降低由杠杆率代表的破产风险提升而引发的人力资本破产成本；员工薪酬是影响员工行为的一个重要原因，当员工薪酬较高时，员工的离职率较低，员工生产能力较高，员工质量得到提升；员工行为也能影响企业价值，员工离职率越高，员工生产能力越低，员工质量越低，企业价值越小。上述分析充分证实了员工主体和员工薪酬对于企业管理的重要性，同时也明确了资本结构影响企业价值的一个路径。综上所述，全书的研究结论主要如下：

1. 资本结构与员工薪酬

第一，企业资本结构对员工薪酬有显著的正向影响，我国上市公司存在基于破产风险的人力资本保护，企业应以适当的方式将这一利益保护机制常态化、规范化，使薪酬与风险相匹配。资本结构隐含了企业的破产风险，随着企业破产概率的增加，员工会要求更多的薪酬以补偿他们所面临的风险，所以作为一种风险补偿机制，薪酬将受到资本结构所预示的风险高低的影响，它们之间会存在一种相关关系。该种关系在国内文献中较少受到关注。

第二，国有企业资本结构与员工薪酬之间呈负相关关系，但这种关系不显著，非国有企业资本结构与员工薪酬之间呈正相关关系，这可能暗示着国有企业的员工薪酬与其承担的风险并不匹配，制度因素可能是其背后的主要诱因，这将是我国收入分配改革的重点内容。

第三，相对于非技术型企业，高科技企业资本结构对员工薪酬的正向影响更加显著。在中国，非技术型企业员工的职业防御能力较弱，高科技企业员工的利益保护要强于非技术型行业，人力资本的个人特征在薪酬决定机制中发挥了较为关键的作用。另外，对于财务困境企业，在财务安全的企业中，资本结构与员工薪酬的关系更显著。因此，在当前员工集体薪酬议价能力普遍低下的现状下，员工只有加大自身的人力资本投入，才能提高薪酬的议价能力。

2. 员工薪酬与员工行为

第一，企业支付的员工薪酬越高，员工离职率越低、员工生产能力越高、企业能招收到的员工质量越高，这显示出员工薪酬是影响员工行为的重要因素。

第二，员工薪酬与员工行为之间的上述关系在非国有企业中才存在，而在国有企业中，两者的相关关系并不显著，这可能暗示着国有企业的员工可能存在某些更重要的因素影响他们的行为，比如国有企业相对稳定的工作状况、相对较低的工作压力或其他的隐性福利的存在。

第三，员工薪酬与员工行为之间的关系在高新技术企业中显著，而在非高新技术企业中并不显著。在中国，高新技术企业的员工因具有较高的人力资本价值而有着较强的话语权，也有着更多的职业诉求和利益追求，对于自身的薪酬要求较高，所以员工薪酬对员工行为的影响更显著。

第四，如果一个企业管理层与员工薪酬之间固有差异巨大，此时即便增加员工薪酬，员工的不公平感还是难以改变，他们的行为选择与那些高管及员工薪酬差异度小的企业员工不完全一致，所以，员工薪酬与员工行为之间的关系在管理层与员工薪酬不平等性高的企业中不存在。可见，过高的薪酬差距不利于企业人力资本管理和薪酬激励政策作用的有效发挥。

第五，杠杆率影响薪酬，薪酬影响员工行为，企业杠杆率会通过对员工薪酬的影响而作用到员工行为。通过设置杠杆—薪酬敏感性指标，本书检验到相对于敏感性低的企业，在杠杆—薪酬敏感性高的企业中，员工薪酬对员工行为的影响更显著。

3. 员工行为与企业价值

第一，当员工离职率越高，员工生产能力越低以及员工质量低时，企业价值会显著降低。员工行为是影响企业价值的重要原因，所以对员工行为进行积极引导对于提高企业价值有着重要作用。

第二，员工行为与企业价值之间的关系在非国有企业中才存在，而在国有企业中，两者的相关关系不显著。另外，员工行为与企业价值之间的关系在高新技术企业中显著，而在非高新技术企业中不显著。

第三，对于杠杆—薪酬敏感性低的企业，员工行为与企业价值之间的关系不显著，其只在杠杆—薪酬敏感性高的企业中存在。

本书丰富了资本结构、员工薪酬、员工行为与企业价值的相关文献研究，为以后研究提供了充分的理论基础与实证依据，具体研究创新体现在以下四个方面：

第一，本书增加了员工薪酬研究的新视角，将资本结构作为薪酬研究的起点，并以对企业价值的影响结束，这些研究丰富了资本结构与企业价值的研究的相关文献。目前，国内对于资本结构与企业价值的研究还存在一定的分歧（正相关、负相关以及曲线关系），本书以“资本结构—员工薪酬—员工行为—企业价值”这一链式研究，证实了资本结构与企业价值的关系，提出了资本结构影响企业价值的新路径，在一定程度上证实了资本结构与企业价值的相关性，同时也表明资本结构安排的重要性。

第二，本书丰富了员工薪酬的经济后果的研究成果。以往研究较少探讨员工薪酬的经济后果。在激励理论下，员工薪酬越高，员工跳槽的可能性越小，员工越有动力去增加他们的劳动投入，优秀员工更可能流入该企业。本书整合了上述行为表现，以员工行为为中介变量，研究了员工薪酬影响企业价值的间接原因，从而丰富了员工薪酬经济后果的研究内容。

第三，本书提供了相关理论存在及融合相关的证据。通过资本结构与员工薪酬的研究，证实了风险补偿理论在中国企业中的存在性；通过“员工薪酬—员工行为—企业价值”的研究，证实利益相关者理论与股东价值最大化理论是能相辅相成的。在满足相关者利益的基础上，也能使企业价值最大化，证实了利益相关者企业价值理论的存在。

第四，本书在实证研究的基础上，进一步关注了企业杠杆—薪酬敏感性这个现象，提出了风险—薪酬匹配度的问题，并分析了这个现象对员工薪酬与员工行为、员工行为与企业价值的影响，为完善薪酬激励机制提供了一个思路。

目 录

第1章 引 言

1.1 选题背景与意义

员工既是企业创造力的源泉，也是企业重要的价值创造者，企业的稳定运营与发展壮大都离不开员工的主动性投入。而员工作为经济人，其向企业贡献智力与体力的同时，必然要求企业支付与其付出相当的回报，并以回报满意度作为自己是否持续努力以及工作去留的决策依据。因此，如何做好员工保障，激励员工努力工作成为理论界和实务界共同关注的课题。

2009 年 7 月以来，中国珠三角、长三角地区相继出现用工短缺，并在 2011 年尤为突出。“用工荒”的出现，有金融危机后出口订单增长、企业扩大生产的直接原因，但其更深层次的原因是中国经济发展模式的结构“瓶颈”以及财富分配方式的不平衡。中国经济经历了 30 年的高速发展，建立了面向全球市场的开放型经济新体制，国家财富迅速增长，低廉劳动力优势在这一过程中功不可没。但与高速增长的国民生产总值相比，劳动力并没有充分享受经济高速发展带来的利益回报，员工收入增长速度远落后于经济的增长速度。近几年来，随着新一代农民工入城对自身权益保护意识的增强，加之执行了30年的计划生育政策带来的劳动力人口持续减少现象的出现，更多的企业开始意识到劳动力供需状况的重大转变，为应对这一紧张的局面，做好员工权益保护以获得持续稳定的劳动力资源至关重要。

与经济社会发展的阶段性和经济发展的不平衡性相对应，中国企业员工权益保护也表现出层次性、差异性和复杂性，企业员工享有的权益处于较低水平。程恩富（2009）通过调研发现，中国企业员工权益状况在许多方面尚未达到《中华人民共和国劳动合同法》（以下简称《劳动法》）等法律法规的要求，仍然处于较低水平。具体表现为：员工工资水平较低、劳动用工不规范、员工休息休假没有切实执行、加班未得到法定补偿、员工社会保险参保率低、企业劳动安全设施缺位、员工地位和归属感下降、劳动争议协调制度有待加强等。同时，不同所有制、不同规模、不同经营状况、不同行业、不同区域的企业员工权益保护状况差别很大。2010年备受关注的富士康跳楼事件可以被视作中国制造企业高度发展过程中员工权益保护不足的一个注脚。

受薪酬结构单一和传统支付习惯的影响，工资既是中国绝大多数劳动者的主要收入来源，也是企业员工最为关注的项目。改革开放以后，随着企业经营活力的增强，中国企业员工工资大幅增长，人力资本的主观能动性受到极大激发，成为经济发展的重要推动因素。但近年来劳动分配在收入分配中所占比例持续下降，收入差距逐步拉大，普通劳动者的社会不公平感明显增强，已逐步危及经济发展和社会稳定（陆正飞，2012）。叶林祥（2011）认为，行业垄断与国有企业的结合是导致企业工资差距日益扩大的原因，其中行业垄断是形成企业工资收入差距的前提条件，而所有制是形成企业工资差距的必备条件。因此，收入分配制度改革被提升到前所未有的战略高度，成为国家“十二五”和“十三五”规划的核心内容之一。中国共产党的十八届五中全会公报中也明确提出：“缩小收入差距，坚持居民收入增长和经济增长同步、劳动报酬提高和劳动生产率提高同步。”

面对员工权益保护的不足，政府部门颁布了相关法律法规，比如，2003 年颁布的《集体合同规定》列示了员工权益的具体内容，并对员工劳动报酬进行了具体化，具体包括：①用人单位工资水平、工资分配制度、工资标准和工资分配形式；②工资支付办法；③加班、加点工资及津贴、补贴标准和奖金分配办法；④工资调整办法；⑤试用期及病、事假等期间的工资待遇；⑥特殊情况下职工工资（生活费）支付办法；⑦其他劳动报酬分配办法。对于员工劳动报酬内容的具体化，2008 年颁布的《劳动合同法》与 2015 年颁布的《劳动法》明确规定用人单位应依法建立和完善劳动规章制度，保障劳动者享有劳动权利，以及要求企业与工会组织应该建立协商机制，维护劳动者的合法权益。另外，也明确指出员工可以通过法律手段进行维权。2011 年颁布的《工会法》提出，维护职工合法权益是工会的基本职责。工会在维护全国人民总体利益的同时，代表和维护职工的合法权益，通过平等协商和集体合同制度，协调劳动关系，维护企业职工劳动权益，同时赋予工会一定的权利，当企业违反集体合同，侵犯职工劳动权益的，工会可以依法要求企业承担责任，保护员工权益。另外，对于上市公司，《公司法》规定公司必须保护职工的合法权益，依法与职工签订劳动合同，参加社会保险，加强劳动保护，实现安全生产，同时公司应采用多种形式，加强公司职工的职业教育和岗位培训，提高职工素质。

在此背景下，员工权益的保护得到了相当大的改善。同时，随着中国经济体制改革，薪酬制度的改革也从未停止。从长期等级工资到预算工资再到劳动合同工资，薪酬制度改革的最终目标的是建立市场导向的工资结构。然而，让位于经济增长的第一目标，同时受制于转型经济中体制化的羁绊，薪酬制度改革滞后而又艰难。目前，中国企业薪酬体制存在两个特点：一是薪酬管制与市场化并存；二是薪酬集体协商制度尚未真正建立。上述格局的存在可能使薪酬安排逐渐越来越脱离实际（陈冬华等，2005）。学术界对于影响员工薪酬的因素进行了讨论。薪酬受诸多因素的影响，包括人力资本特征、企业特征、管理者权力等。国内关于薪酬影响因素的研究已取得了一定成果，他们分别从行业垄断性（刘渝琳，2012；叶林祥，2011）、高管变更（陈冬华，2011）、管理者权力（王雄元，2012）、公司治理效率（倪飞，2013）、公司规模与会计业绩（梅斌，2012）角度分析了影响职工薪酬的因素。近年来，从资本结构切入员工薪酬的研究是会计学术研究的一个新的视角。有证据表明薪酬与企业杠杆率的变化密切相关，关于这点国外学者已经予以关注并形成了一定的研究成果：如 Alic 等

（2013）发现，企业杠杆率与员工薪酬正相关，Chemmanur（2013）认为，杠杆率对于CEO的现金、股权和薪酬总额有显著的正向影响，对平均员工薪酬也有积极和显著的影响。这些都与Titman（1984）、Maksimovic和Titman（1991）、Berk等（2010）的预测一致。但该领域的研究在我国还没有足够的经验支持。

另外，薪酬是绝大多数劳动者可支配收入的基础，薪酬安排对个人和企业而言至关重要。有研究表明，受经济水平的影响，中国企业的员工最易受到薪酬和职位晋升的激励，薪酬是员工最关注的因素，同时薪酬也是影响员工行为的重要因素。Romer（1996）认为，支付比市场出清工资更高的效率工资，能改善员工营养状况、提升员工努力程度、培育工人忠诚感等优点，另外也能提高企业所观察不到的员工其他方面能力，进而提高企业竞争力，推动企业稳定发展。鲁小东（2011）提出，普通员工薪酬与公司成长性显著正相关，提高普通员工薪酬占企业所得的比例有利于提高企业的成长性。步丹璐和白晓丹（2013）发现，员工薪酬差距是造成员工离职的主要原因，这一传导机制会降低企业未来期间的盈利能力。薪酬同时会对宏观经济发展产生影响，在当前中国经济转型的背景下，借由收入分配改革推动的薪酬安排被期望成为“消费扩张”型经济增长的推动力。那么，保护员工权益的经济后果也是本书研究的又一问题。

中国目前正处于经济转型的关键时期，特殊制度环境和经济形势为深入研究这个问题提供了机会。作为一个发展中国家，从计划经济转变为市场经济的过程中，薪酬管制与市场化调节并存，“天价薪酬”与行业收入差距并存，“用工荒”与“就业难”并存，这一系列矛盾混合体将在一定时期内长期存在，这些问题的出现为开展本书的研究提供方向。另外，随着财富差距悬殊的加大，收入分配领域的公平性问题已经事关国家和社会的稳定，虽然随着政府的关注和立法的加强，员工权益保护在一定程度上得到加强，但总体上，中国企业薪酬体系安排及制度设计与国外发达国家市场还存在很大差距。基于企业风险增加而给予员工的风险补偿不吝为对员工权益保护的一种呼吁和尝试。另外，“调结构，去产能”深化，势必会对某些领域的员工就业与薪酬安排产生显著影响。而“去杠杆”也会带来企业资本结构的重大变动。这些都会给“资本结构—员工薪酬”的关系研究带来契机。同时，随着员工权益保护法律的不断颁布，这需要本书进一步了解员工权益保护的重要性，以确定员工权益保护的必要性。

由此，本书基于中国上市公司公开数据，以员工权益保护为视角，以资本结构为切入点，从员工薪酬的影响因素，员工薪酬与员工行为，员工行为与企业价值三个方面研究了员工的重要性。在上述研究的基础上，进一步从企业所有权性质、企业技术特征、不同的杠杆率水平以及杠杆—薪酬敏感性分析上述结论的差异。具体来说，本书具有理论与实践两方面的意义。

1.1.1 理论意义

第一，长期以来，员工保护一直是社会关注的话题。2008年，《劳动合同法》的颁布进一步保护了员工权益。但目前国内文献仅仅关注劳动合同法颁布的经济效果，没有具体探究影响员工权益的因素。所以，本书的研究从根本上分析了影响员工权益的因素，进一步支持了破产风险补偿理论。

第二，最近的研究表明，公司的非财务利益相关者能对公司的资本决策施加显著的影响（Titman，1984；Titman and Wessels，1988），然而作为最重要的利益相关者，员工在资本结构决策中的作用却仅没有引起极大的注意，本书从员工薪酬角度，在理论与实证方面支持员工参与企业公司治理这一结论。

第三，本书通过研究资本结构与管理者薪酬、员工薪酬之间的关系，对于解释中国企业的“优序融资理论”之谜提供很好的支撑。具体地，一般情况下，由于税盾收益的存在，从节约融资成本的角度看，债务融资优于股权融资。但对于中国企业，现实的状况是股权融资远大于债务融资，除我国股权融资分红约束低的主要原因之外，还存在一种可能在于，债务融资增加，导致企业风险增大，基于相应的风险补偿，员工薪酬相应提升，债务融资的税盾利益被企业增加的薪酬成本抵销，从而制约了债务融资的比例，这从另一个角度补充解释了中国企业的“股权融资偏好”现象。

第四，本书从员工关怀的立场，理论与实证分析了员工薪酬对企业价值的影响，确定员工对于企业的作用；另外，本书结合“效率、公平”思想，理论与实证分析了管理层—员工薪酬差距对于企业价值的影响，从而对企业内部的“效率、公平”理论进行重新阐释。

第五，本书进一步阐述了利益相关者理论与企业价值最大化理论之间的联系。企业通过保护员工权益，也能增大企业价值，从而实现两个理论的和谐统一。

第六，本书进一步阐述了资本结构影响企业价值的机理，即“资本结构—员工薪酬—员工行为—企业价值”，从而丰富资本结构理论的研究。

1.1.2 实践意义

第一，通过研究资本结构和员工薪酬之间的关系，能帮助我们进一步理解为什么企业未充分使用债务税盾进行高负债经营。

第二，本书进一步分析了影响员工行为（员工离职、员工生产能力与员工知识结构改善）的因素，员工薪酬是影响员工行为的一个重要因素，同时发现管理层薪酬与员工薪酬的不平等性也能影响员工行为，这要求政策部门重视企业内部员工薪酬的平等性，关注员工利益。另外，杠杆—薪酬敏感性能够影响员工薪酬与员工行为的关系，这要求企业给予员工一定的议价权，从而促进杠杆—薪酬敏感性的提高。

第三，本书的实证检验表明，资本结构、员工薪酬、员工行为与企业价值之间的关系在不同的企业技术特征、企业所有权性质与杠杆—薪酬敏感性下存在差异，这些结果有着重要政策指导含义，为进一步制定相关政策提供经验证据，同时暗示了薪酬制度改革的主要方向。

第四，本书扩展了以往关于资本结构与企业价值的研究，以员工薪酬为切入点，分析了资本结构影响企业价值的新路径，这个发现有利于企业充分认识资本结构的作用。

1.2 研究目标与动机

本书的主线是“资本结构—员工薪酬—员工行为—企业价值”，以员工保护为立足点，分析员工保护的重要性，及其对企业价值的影响。研究的主要问题为：

第一，资本结构与员工薪酬的关系，并在此基础上检验在不同的企业所有权性质、不同企业技术特征以及企业是否处于财务困境下两者关系的差异。

第二，员工薪酬与员工行为的关系，并在此基础上检验在不同的企业所有权性质以及不同企业技术特征下两者关系的差异，同时检验管理层与员工薪酬差异对于两者关系的影响，以及不同的杠杆—薪酬敏感度对于两者关系的影响。

第三，员工行为与企业绩效的关系，并在此基础上检验在不同的企业所有权性质、不同企业技术特征以及不同的杠杆—薪酬敏感性下，两者关系的差异。在上述研究的基础上，确定资本结构影响企业价值的新路径。

围绕上述内容，本书的具体目标为：

第一，构建资本结构与员工薪酬变量，使用中国上市公司财务数据，采用多元回归模型，实证检验资本结构对员工薪酬的影响，以此检验风险补偿理论在中国的适用与存在性。并进一步检验了风险补偿理论在不同企业所有权性质与不同企业技术特征的是否存在。

第二，构建员工离职、员工生产能力与员工质量变量，使用中国上市公司财务数据，采用多元回归模型，实证检验员工薪酬对员工行为的影响，确定影响员工行为的因素，以确定员工薪酬的重要性。在此基础上，进一步检验了这种关系在不同企业所有权性质与不同企业技术特征下的差异，以及管理层与员工薪酬差异程度，杠杆—薪酬敏感性对于两者关系的影响。

第三，构建企业价值变量，使用中国上市公司财务数据，采用多元回归模型，实证检验员工行为对于企业价值的影响，以确定员工对于企业价值的重要性。在此基础上，进一步检验了这种关系在不同企业所有权性质、不同企业技术特征与不同的杠杆—薪酬敏感性中的差异。

第四，确定“资本结构—员工薪酬—员工行为—企业价值”研究的可行性，既能丰富资本结构与企业价值的路径分析，也能进一步确定员工的重要性，在一定程度上支持保护员工权益相关法律的颁布。

之所以要开展这个方面的研究，还有以下动机：

在新《劳动法》等一系列员工保护法律的颁布下，员工权益保护不断的加强。但是，员工薪酬影响因素以及员工薪酬的经济后果的研究还没有完全得到开展，综观国内外文献，对于员工薪酬影响因素的研究主要集中在企业外部环境（刘渝琳，2012；叶林祥，2011））与企业管理者（陈冬华等，2005）方面，对于企业内部结构因素的影响研究还处于空白，主要原因可能在于中国企业工会制度的落后。另外，对于员工薪酬的经济后果的研究，主要集中在《劳动法》颁布前后，企业特征变量（杠杆率、企业绩效等变量）是否发生变化。所以，从企业内部特征研究员工薪酬的影响因素，与直接研究员工薪酬的经济后果是非常具有前沿的问题，有利于弥补相关文献的不足。

第一，资本结构与企业价值的关系已经得到了广泛的开展。从最早的MM理论（资本结构与企业绩效无关）到资本结构与企业价值之间存在非线性关系，对于相关研究结论的争论一直存在。本书试图从另一路径解释资本结构与企业价值之间的关系，丰富资本结构与企业价值之间的研究，丰富资本结构相关理论，从而有利于企业进一步认识资本结构的作用。

第二，以往研究较少探讨员工薪酬的经济后果。在激励理论下，员工薪酬越高，员工跳槽的可能性越小，员工越有动力去增加他们的劳动投入，优秀员工更可能流入该企业。然而，在现阶段市场竞争激烈及劳动力流动宽松的大环境下，员工离职跳槽的现象相当普遍，员工生产能力相对较低，劳动力市场存在严重的信息不对称。所以，本书需要对影响员工薪酬的真正原因进行分析，以及进一步分析员工薪酬的经济后果，以确定员工薪酬与员工行为是资本结构影响企业价值的又一途径。

第三，已有理论与实证研究发现，企业所有权性质与企业技术特征对于员工薪酬的影响相对重要，其原因在于国有企业存在隐性福利，通常情况下，员工会把他在国有企业的职位当成一个有保障的永久职位而看待，即“铁饭碗”，即使薪酬绝对值不高，也乐意接受。所以，如何结合中国资本市场的特征，分析员工薪酬的影响因素相当重要。

第四，管理层与员工薪酬差异的经济后果受到广泛关注。这直接体现了员工内部收入的公平感受度，从而影响到员工心理与员工行为。同时，缩小过高的管理层与员工薪酬之间的差异也是近年来政府部门一直关注的事情。所以，本书将进一步检验管理层与员工之间的薪酬差异对企业或员工的影响，以此支持政府限制管理层薪酬政策颁布的合理性。

第五，企业杠杆—薪酬之间的敏感性部分反映出薪酬设计的合理性与员工的议价能力，按照薪酬与杠杆率的匹配程度把企业分为杠杆—薪酬敏感性高、低两者，有利于进一步检验员工议价能力的存在性，并为后续的相关政策制定提供依据。

第六，员工作为企业利益相关者中的一员，其利益保护直接关系到企业其他利益相关者的保护程度，所以研究员工权益保护，有利于进一步推动利益相关者理论在企业行为中的实施，从而实现社会财富的最大化。

1.3 研究问题界定

本书主要关注的是员工权益保护，所以首先需要了解影响员工权益的因素，其次需要明确员工的重要性，即对企业价值的影响。基于此，本书从资本结构出发，分析资本结构对员工薪酬的影响，员工薪酬对员工行为的影响，以及员工行为对企业价值的影响。

进一步，“资本结构—员工薪酬—员工行为—企业价值”这一链条研究受到许多因素的影响。比如，企业所有权性质、企业技术特征、杠杆率大小、杠杆—薪酬敏感性等，本书主要考察上述链条关系在不同的环境下是否有变化。

为了研究的需要，对于涉及的主要概念，本书进行如下界定。

1.3.1 资本结构

资本对所有的企业都是重要的资源，而由于资本是有使用成本的，因此企业的融资安排，即各种资本来源所占的比重选择显得至关重要。这也正是资本结构作为一个老话题但却又常论常新的原因所在。资本结构的选择不仅影响企业的资本成本，而且影响企业的治理效率，还有可能显著影响到宏观经济运行环境。解决好企业的资本结构问题，将有助于企业价值的提升。

资本结构是企业不同资金来源构成的比例，广义的资本结构既包括不同内容资本构成及其比例关系，也包括长期和短期资本的比例安排。狭义的资本结构仅指企业长期资本的构成和比例关系。文献研究中资本结构常被用来代表债务资本与权益资本的构成比例，目前大多数研究都以企业的资产负债率，即总负债与总资产的比例作资本结构替代变量（陈德萍和曾智海，2012；苏冬蔚和曾海舰，2009），参照以往研究，本书同样采用企业资产负债率作为资本结构的替代变量，在书中也被称为杠杆率。

1.3.2 员工

按照百度百科的介绍，员工是指与企业订立正式劳动合同的所有人员，含全职、兼职和临时职工；也包括未与企业订立正式劳动合同，但由企业正式任命的人员，如董事会成员、监事会成员和内部审计委员会成员等。他们有着创造性强，独立性强，成就欲强，自我完善欲望强等特点。按照此定义，员工应该包括企业内部职工以及企业管理层。但是，管理层在薪酬的制定上有比较高的决策自主权，而普通职工的薪酬决定能力相对低下，这类群体的利益更值得研究和关注，是本书的重要研究主体。所以在研究设计上，本书所提到的员工仅局限为普通职工，不包括管理层。

1.3.3 员工薪酬

在本书中，员工薪酬即为普通职工薪酬，根据《企业会计准则第 9 号——职工薪酬》，职工薪酬主要包括职工工资、奖金、津贴和补贴、职工福利费、住房公积金、工会经费和职工教育经费、医疗保险费、养老保险费、失业保险费、工伤保险费和生育保险费等社会保险费，以及非货币性福利。鉴于目前我国企业薪酬构成的情况以及数据获取的全面程度，本书中的员工薪酬仅指货币性基础薪酬。目前，关于员工薪酬的研究文献（陆正飞等，2012；钱爱民等，2014），主要采用（现金流量表中支付给员工的薪酬—高管薪酬）这一公式进行计算，本书也借鉴这一方式对员工薪酬进行定义。

1.3.4 员工行为

百度百科中对员工行为的定义是员工个体在生产、科研、管理、销售等企业活动中的表现和作为。由于个人素质和工作岗位的差别，员工行为具有多样性和分散性，同时又受到内在自身价值观和外在环境因素的影响。员工行为对企业文化传播和企业价值创造都有着重要影响，也是本书的研究内容之一，本书中以员工离职率、员工生产能力、员工质量作为员工行为的替代变量，分别描述员工离开、劳动投入和高素质员工进入企业的状态。

1.3.5 员工离职率

离职是衡量企业人力资源流动的重要指标，在已有文献中较多出现的替代指标是员工离职倾向，大多采用调查问卷的方式得到相关数据。按照英汉人力资源管理核心词汇手册中第653页提到：国际上通行的计算员工离职率的方法是：员工离职率=离职人数/[（期初员工人数+期末员工人数）/2]。但这种度量方法要求拥有企业的年离职人数，而该数据由于涉及企业商业秘密因而不会在年报中予以披露。所以，本书借鉴步丹璐（2013）和钱爱民等（2014）的研究，定义（t期员工总人数–t+1期员工总人数）/t期员工总人数为企业t+1年的员工离职率。

1.3.6 员工生产能力

员工行为的主要方面是员工的生产能力，比如员工是否存在偷懒倾向，员工的生产效率如何。基于此，为了更好地度量员工的生产能力，本书使用企业年末总收入与员工人数的比值来替代，这在一定程度上反映了单位员工的创造收入的能力，即员工的生产能力。

1.3.7 员工质量

员工行为还可以表述为高知识员工的流入。在劳动力市场中存在信息不对称的情况下，高薪酬往往是吸引高知识员工流入企业的一个外在动力。高知识员工往往被看成高质量员工的代名词，所以，本书使用企业员工中研究生学历人数所占的比例来进行替代。企业员工中研究生学历人数数据通过笔者对Wind数据的整理获得。

1.3.8 杠杆—薪酬敏感性

为了研究财务风险与员工薪酬的匹配度，本书设计了杠杆—薪酬敏感性的指标，并把企业分为杠杆—薪酬敏感性高的企业和杠杆—薪酬敏感性低的企业，所以杠杆—薪酬敏感性的定义相当重要。本书定义如果一个企业的杠杆率与员工薪酬是同向变动时，则认为该企业是杠杆—薪酬敏感度高的企业。具体为：企业杠杆率越高，员工薪酬越高，或者杠杆率越低，员工薪酬越低，两者呈正相关关系。反之，如果一个企业的杠杆率与员工薪酬是反向变动时，杠杆率高，员工薪酬低，或者杠杆率低，员工薪酬高，则认为该企业是杠杆—薪酬敏感度低的企业。

1.4 研究思路与研究方法

1.4.1 研究思路

本书研究思路是以员工薪酬为研究对象，分析影响员工薪酬的因素，探讨员工薪酬的经济后果，明确员工权益保护的重要性。

第一，以资本结构引发的风险补偿为视角，研究资本结构与员工薪酬的关系，并在此基础上检验在不同的企业所有权性质、不同企业技术特征以及企业是否处于财务困境时，两者关系的差异。

第二，员工薪酬与员工行为的关系研究，并在此基础上检验在不同的企业所有权性质与不同企业技术特征两者关系的差异，同时检验管理层与员工薪酬差异度，不同的杠杆—薪酬敏感性对于两者关系的影响。

第三，员工行为与企业价值的关系研究，并在此基础上检验在不同的企业所有权性质、不同企业技术特征以及不同的杠杆—薪酬敏感性下，两者关系的差异。

1.4.2 研究方法

本书将按照理论分析与实证检验相结合的方法进行研究。理论分析部分，首先结合利益相关者理论、薪酬激励理论、委托代理理论、资本结构理论以及破产风险补偿理论和企业价值理论分析资本结构与员工薪酬、员工薪酬与员工行为、员工行为与企业价值的关系，并提炼出相应的假设。其次，基于企业所有权性质、企业技术特征与企业杠杆—薪酬敏感度的差异，理论分析上述关系的差异，并提出相应假设。实证分析部分，本书在收集中国上市公司数据的基础上，借鉴金融计量经济学、会计学和统计学等相关领域的标准方法和最新研究成果，构建计量模型对相应的研究假设进行检验分析，具体包括多元回归方法、统计描述等分析法。针对不同的研究主题，采用不同的回归模型以及不同的稳健性检验方法进行分析，从而使研究结论更加稳健。

1.5 研究内容与研究框架

具体而言，本书研究的内容与框架安排如图 1-1 所示。

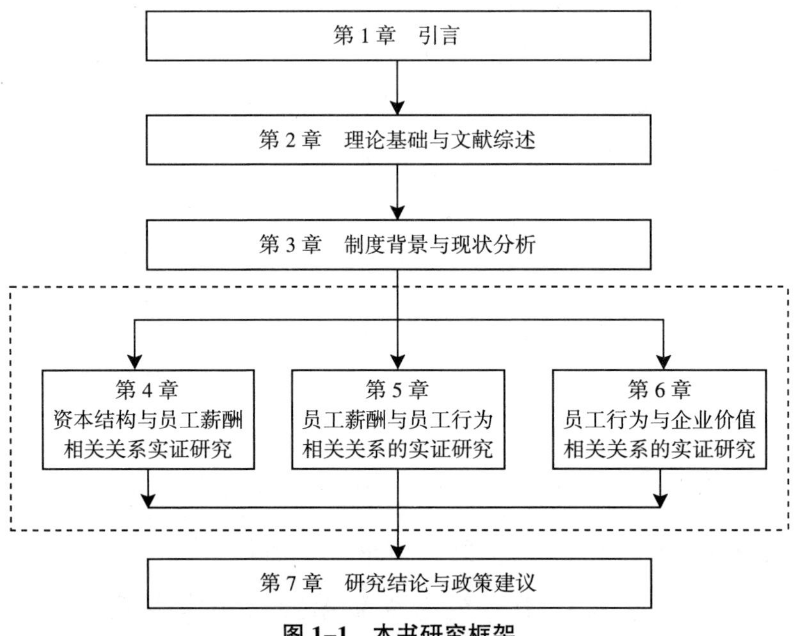

图 1-1 本书研究框架

第 1 章为引言，主要介绍了论文选题背景、意义，重点阐述了本书的研究目的、动机研究问题界定、研究思路与研究方法，最后总结了本书的创新，并勾勒了本书研究内容的总体框架。

第 2 章为本书的理论基础与文献综述，通过对资本结构与员工薪酬激励理论回顾与总结，阐述保护员工权益的重要性与必要性，通过介绍了风险补偿理论、利益相关者理论与激励理论的起源、原理与应用，为本书研究假设的提出奠定了坚实的理论基础。同时，对国内外资本结构的经济后果、员工薪酬与员工行为的影响因素、企业价值的影响因素等实证文献进行梳理，掌握国内外相关研究的最新研究动态，并在此基础上提出相应的研究不足，从而为本书研究创新提供一定的方向。

第 3 章介绍了企业资本结构、员工权益保护与员工行为背景与现状。在系统梳理资本结构理论的基础上，对中国上市公司的融资次序差异提出相应的解释。同时，介绍了中国现阶段员工权益保护与员工行为的现状，提出对员工权益保护的重要性，为本书的研究动机提供依据。

第 4~6 章为本书的实证部分，以“资本结构—员工薪酬—员工行为—企业价值”为链条进行分析，从而确定员工薪酬的影响因素及其经济后果。上述链式研究对于确定员工的重要性相当重要。相关具体研究内容为：

第 4 章主要检验资本结构对于员工薪酬的影响。根据破产风险补偿理论、利益相关者理论与激励理论，结合中国上市公司的资本结构现状，以及企业所有权性质、企业技术特征的差异，并提出相应的假设。

第 5 章主要检验员工薪酬对员工行为的影响。根据利益相关者理论与激励理论理论，结合中国资本市场现状（不同企业所有权性质、企业技术特征、管理层与员工薪酬差异以及杠杆—薪酬敏感性）提出相应的假设。

第 6 章主要检验员工行为对于企业价值的影响。根据流动成本理论与人力资源理论，提出相应的假设。之后，笔者采用 2007~2016 年上市公司数据，在构建员工薪酬、员工离职、员工生产能力、员工质量、企业价值等变量，在控制内生性问题以及采用多种稳健性检验的基础上，对资本结构与员工薪酬、员工薪酬与员工行为、员工行为与企业价值之间的关系进行分析，并在此基础上，按照企业所有权性质、企业技术特征、管理层与员工薪酬差异以及杠杆—薪酬敏感性进行分组，检验上述三者关系是否存在差异，最后对存在的差异进行解释。

第 7 章为研究结论与政策建议。在前 6 章的理论分析、制度背景，以及相应的实证检验的基础上，总结归纳出本书主要研究结论，研究局限以及预计未来研究方向。对相应的研究结论进行扩展，为员工权益保护的实现，以及如何提高员工权益、减少员工离职，提高企业价值等相关政策制定提出理论支持与经验证据。

1.6 研究创新

本书丰富了资本结构、员工薪酬、员工行为与企业价值的相关研究文献，为以后研究提供了充分的理论基础与实证依据，具体研究创新体现在以下四个方面：

第一，本书丰富了资本结构与企业价值的相关文献研究。目前国内对于资本结构与企业价值研究还存在一定的分歧（正相关、负相关以及曲线关系），本书则以“资本结构—员工薪酬—员工行为—企业价值”这一链式研究，证实了资本结构与企业价值的关系，提出了资本结构影响企业价值的新路径，在一定程度上证实了资本结构与企业价值的相关性，同时也表明资本结构的重要性。

第二，以往研究较少探讨员工薪酬的经济后果。在激励理论下，员工薪酬越高，员工跳槽的可能越小，员工越有动力去增加他们的劳动投入，优秀员工更可能流入该企业。因此，本书以员工行为为中介变量，研究了员工薪酬影响企业价值的间接原因，从而拓宽了员工薪酬经济后果的研究视角。

第三，本书丰富了相关理论证据。通过资本结构与员工薪酬的研究，证实了风险补偿理论在中国企业中的存在性；通过“员工薪酬—员工行为—企业价值”的研究，证实利益相关者理论与企业价值最大化理论是能相辅相成的。在满足相关者利益的基础上，也能使企业价值最大化。

第四，本书在实证研究的基础上，进一步关注企业杠杆—薪酬敏感性这个现象，并分析了这个现象对员工薪酬与员工行为、员工行为与企业价值的影响。

第 2 章　理论基础与文献综述

本章将对本书所涉及的理论以及相关文献进行详细介绍与综述。在理论基础方面，详细介绍了理论的起源，发展与现状，以及如何与本书研究相结合；文献综述方面，在回顾以往研究成果的基础上做出相应的综述与评价，并间接引出论文研究的必要性。

首先，详细介绍了利益相关者理论，为研究员工的作用以及重要性提供基础，并在此基础上，介绍了资本结构理论、风险补偿理论、委托代理理论、薪酬理论与企业价值理论，为研究资本结构与员工薪酬、员工薪酬与员工行为、员工行为与企业价值之间的相关关系提供理论基础。

其次，回顾影响员工薪酬、员工行为以及企业价值相关文献，引证出论文以员工保护为出发点，研究员工对于企业价值的重要性，从而体现出利益相关者理论提出的科学性与合理性。

最后，对相应的文献进行综述与分析评价，并映射出本书后续的研究内容。

2.1 理论基础

本书的研究主要基于利益相关者理论、资本结构理论、风险补偿理论、薪酬理论、委托代理理论以及企业价值理论展开研究。具体思路是，首先，在介绍利益相关者理论的基础上，回顾资本结构以及由此引发的风险补偿的必要性；其次，强调员工以及员工薪酬安排的重要性与必要性；最后，引出薪酬安排带来的经济后果。以下主要对六个理论进行介绍。

2.1.1 利益相关者理论

“利益相关者”理论的概念最早由 Dodd 教授于 1932 年提出（李国平，2014）。在与 Adolf Berle 的争辩中，Merrick Dodd 认为，企业是在股东及其他外部压力下运营的经济组织，在争取盈利时也要为社会服务。企业的经营目标不仅包括为股东财富增值，也应包括为雇员提供稳定的工作，还包括为顾客提供高质量的产品。企业有为整个社会福利做出贡献的职责。

在 20 世纪 80 年代之前，“企业所有者就是企业的控制者”的结论是对企业控制权归属争论的普遍认同。但是，到 80 年代中期以后，该结论出现了分歧：一种观点认为，股东向企业投入资本，成为企业的所有者，也成为企业的剩余风险承担者，便理所应当地拥有剩余控制权和剩余索取权（Grosman and Hart，1986；Hart and More，1990），这就是所谓的股东中心理论（Share Holder Primacy Theory）；另一种观点则认为，企业是利益相关者的企业，对企业的生存和发展投入了专用性资本的不仅仅是股东，也包括与企业有关的其他利益相关者。他们要么承担了企业的一部分经营风险，要么为企业的经营付出了代价，因而也应该与股东一样拥有企业的所有权（Freeman，1984；Blair，1995，1998），这便是利益相关者理论（Stake Holder Theory）。

1984 年，弗里曼（Freeman R. Edward）出版了经典著作——被誉为“利益相关者管理理论的奠基之作”的《战略管理：利益相关者方法》。弗里曼在书中对利益相关者给出的经典定义是：“能够影响一个组织目标的实现，或者受到一个组织实现其目标过程影响的所有个体和群体。”①（弗里曼，1984）该定义清晰地概括了利益相关者与企业之间关系的特征。不过这一定义对利益相关者的界定来说相当宽泛，除股东、债权人、雇员、供应商、顾客这些与企业有紧密关系的主体之外，能够对企业活动造成或多或少，或直接或间接影响的还包括媒体、大众、社区、环境等（付俊文和赵红，2006），内容不一而足。卡拉克森（1994）对利益相关者的定义是“在企业中投入有价值的资本进而承担企业一定风险的人，资本的形式包括货币资本、实物资本、人力资本等；或者虽未投资却因企业活动而承受风险的人”。该定义强调专用性投资，进一步加强了利益相关者与企业的关联，将媒体等一些与企业经营无直接相

① 弗里曼的利益相关者定义是非常宽泛的，根据这一定义可以描绘出以企业为中心的利益相关者图谱。弗里曼认为，企业高层管理人员的任务就是根据利益相关者的利益与特性来调整企业与利益相关者之间的关系。

关性的集体和个人排除在利益相关者定义之列。上述两个概念的对比表明利益相关者的具体界定更加集中化。

国内学者对利益相关者的研究中，贾生华和陈宏辉（2002）具有一定的代表性，他们强调利益相关者是对企业进行一定专用性投资的人，并经由投资承担了企业相应的风险，或者为企业的经营付出了代价，该个体或群体的活动能够影响到企业目标的实现。这一概念是卡拉克森（1994）对利益相关者定义的更具体的界定。

对利益相关者概念和界定不断深入的研究体现了对企业经营目标的不断反思。利益相关者概念自诞生起就是为企业的经营管理服务的，对其内涵不断明晰的过程也是对企业经营目标不断认知的过程。经济学中对企业的定义是以交易成本最小化为目的的组织形式，企业的本质是一组交易活动的契约形式。利益相关者理论接受契约理论，但反对将企业作为股东独有的资产。利益相关者之于企业的相关，关键在于多大程度上相关即对企业影响能力的大小，存在需求的优先级别。利益相关者理论敦促企业关注“能影响其经营”的群体应享有的利益，在关注相关者的同时，必然能给“受企业经营影响的人”以利益满足。关注相关者利益，最终是为企业价值最大化服务的，这既不影响企业作为利益追逐主体的存在目标，也能为社会大众贡献福祉。

在企业战略层面，弗里曼认为，管理者应区别对待利益相关者的多元化需求，准确进行利益相关者辨别及其“利益”诉求；分析企业战略如何与利益相关者的权益相结合，利益相关者行为如何影响企业目标达成；在与利益相关者的业务往来中要明确企业与利益相关者建立最优联系的方式（林曦，2010）。

20 世纪 60 年代末以后，英美等固守股东中心理论的国家经济迅速下滑，而推行利益相关者理论的日本和德国的经济突起。研究者发现发生这种状况的原因之一是“股东中心理论”对企业经理压力巨大，很容易促使经营者追逐短期目标而不顾公司的长远利益；而利益相关者理论迫使经营者不得不关注公司相关者的利益要求，充分体现人本主义的管理思想从而使企业和谐发展达到共赢（Aoki，1984；Blair，1995）。

20 世纪 90 年代之后，从利益相关者视角研究公司治理日益成为主流。他们（Jensen and Meekling，1972；Birohand，1995；Moon and Oiley，1997）认为，公司治理的一个重要功能在于调节利益相关者之间的关系，如股东和经理层的关系，大股东和中小股东的关系；调节股东和其他利益相关者的关系，维护债权人利益，维护社区利益等（杨瑞龙、周业安，1998）。公司治理的核心应该是在维护各利益相关者权益的基础上，实现价值最大化。

利益相关者理论也被认为是研究企业社会责任问题的理论基础。企业社会责任理论认为，企业是一系列契约的组合，各利益相关者都是契约的订立主体，都有在企业经营的过程和结果中获取收益的权利（Jensen and Meckling，1976；Freeman and Evan，1990）。企业的目标不是追求股东财富最大化，而是企业价值的最大化；企业的利益不应仅仅是股东个人利益的达成，应是各利益相关者共同利益的体现；企业所有权的安排要保障各利益相关者享有平等的权利，而不是把所有权统一地分配给股东；企业赖以发展的物质基础不仅包括股东投入的股权资本，还包括债权人投入的债务资本、经营者和员工投入的人力资本、供应商和客户投入的市场资本、政府投入的公共环境资本（如制定公共制度、提供信息指导和维护生态环境等）以及社区和公众提供的经营环境；企业发展的基本格局是各利益相关者之间的长期持续合作，而不应完全依赖于股东（张兆国，2009）。

2.1.2 资本结构理论

1952 年，美国经济学家杜兰德发表的《企业债务和股东权益成本：趋势和计量问题》一文，开创了资本结构与企业价值的理论研究，并概括了公司资本结构的三种理论：净收益理论、净经营收益理论和传统折中理论。之后，莫迪利亚尼和米勒在 1958 年发表的《资本成本、公司财务与投资理论》中提出了著名的 MM 定理（Modigliani and Miller，1958），该定理在一系列设定严格的假设基础上，证明资本结构的安排与企业价值无关。学术界普遍认为，MM 定理创造了现代资本结构理论研究的发端，拉开了资本结构与企业价值的研究的序幕。自此之后，众多经济学家深入展开对资本结构的研究，并结合现实世界中真实存在的企业所得税、破产成本、代理成本和信息不对称情况的存在，考察资本结构的影响因素，寻找最优资本结构，先后提出了权衡理论、委托代理理论、信号理论、优序融资理论和控制权理论等，这些理论从不同的角度分析了资本结构与企业价值的关系。

权衡理论认为，通过负债融资虽然可以通过借款利息税前扣除而享受税盾收益，但也会带来资本成本和财务风险的增加，考虑负债的破产成本和代理成本的因素，资本结构会作用于企业价值，最优资本结构应该是避税收益等于负债融资的成本风险之和的融资结构（Kraus and Litzenberger，1973；Scott，1976；DeAngelo and Masulis，1980）。权衡理论同时指出，破产成本是许多实业企业不愿承担高杠杆率以利用债务节税利益的主要原因。然而，有相当的经验研究证据表明，直接破产成本量级很小以至于不足以抑制企业承担高水平债务。一些学者因此建议以非直接破产成本来解答观测到的许多“杠杆率不足”实业企业的困惑。Titman（1984）发展了一个关于企业的清算决策与破产状态之间因果关联的模型。他提出产出独特和专业产品的企业的顾客、员工、供应商很可能在发生清算时承担高成本。特别地，在一个员工具备公司特有人力资本的背景下，破产这一事实能够给员工强加重大损失（减少人力资本价值）从而显著的影响企业的资本结构。使 Titman's（1984）的主张正式化，Berk（2010）发展了一个模型对如下观点进行合并：人力资本成本与财务困境和破产相关联且能够足够大到抑制企业的债务契约。破产能导致员工收入和企业专用人力资本损失从而使员工背负巨大代价。Titman（1984）指出，因为这些代价的存在，对员工进行企业专用人力资本投资的激励取决于企业的财务状况。通过保持相对低债务比率，企业可以减少股东对于潜在流动性风险的担忧。使用与此相关的论证，Maksimovic 和 Titman（1991）提出，员工不愿与高杠杆率企业合作，因为财务困难会影响企业兑现隐形合约的动机，这些导致员工对高杠杆率企业要求高工资。Berk 等（2010）使用一个理论模型说明在竞争的劳动力市场，有着高杠杆率的企业将不得不给员工支付高薪酬，否则他们将雇不到一个员工。

信号传递理论以信息不对称为研究前提，探讨在该种情境下企业会选择何种方式向市场传递企业价值信息的行为。该理论认为，由于内部管理者与外部投资者存在信息的不对称性，企业经理通过融资结构的安排向投资者发出信号，投资者据以分析并判断企业的价值。Ross（1977）在其研究中认为，资产负债率是传递企业私有信息的一个工具，负债是企业高质量利用资金的一个信号，资本结构与企业价值正相关。Leland 和 Pyle（1977）从企业投资项目收益的信息不对称和管理者的风险厌恶的角度，探讨了资本结构的信息传递功能。作为风险回避者，管理者通过改变自己在项目中的持股向投资者传递关于项目质量的信号。企业管理者的持股比例越高，传递信息的项目收益越高，企业价值也会越大。Masulis、Corett 和 Tnravol（1991）的研究表明，当债务减少权益增加时，企业的股票价格会上涨，当权益减少债务增加时，股价会下降。Shah（1994）发现，当财务杠杆加大时，在宣布资本结构转变的当日，企业的股价会上涨，当财务杠杆降低时情况刚好相反，因此财务杠杆率与企业股价呈正相关关系。

优序融资理论以信息不对称及交易成本的存在为研究前提，观察企业管理者在进行新项目融资时，是否存在融资次序的选择偏好问题。研究结论是，管理者首先倾向于内部融资，其次是债务，最后是发行股票。最先对融资次序进行研究的是 Donladson（1961），而后 Myers 和 Majluf（1984）首先对此进行了解释，根据信号传递假设创立了优序融资理论。他们发现，管理者在为新项目筹集资金时，会选择内部融资这一较为稳妥的融资方式。这样既可以保障原有股东的持股份额使控制权不分散，也可以避免因为外部融资引发股票供给增加而导致的股票市值下跌，从而保证净现值为正的投资项目被通过。鉴于外部融资成本较高，当内部资金不足时，公司会优先考虑发行低风险的债券，最后才会考虑股权融资。Baskin（1989）从交易成本、个人所得税和控制权考虑，指出留存收益提供的内部资金要优于外部来源的资金；在外部融资中，相对于股权融资，负债融资发行成本低，不会稀释公司的控制权，还具有抵税效应，所以负债融资又优于股权融资。

Jensen 和 Meckling（1976）沿着 MM 理论，提出了资本结构契约理论。认为资本结构不仅决定着剩余索取权的分配，还决定着企业控制权的分配。Aghion 和 Bolton（1992）认为，负债融资与权益融资既是两种不同的融资安排，也是两种不同的控制权分配和抗衡。企业一旦遭遇破产，债权人享有优先受偿权，企业的控制权转移至债权人手中，企业清算将使股东利益受损。因此，企业存在最优资本结构，该结构是在企业破产时股东承受损失最小的负债水平。姜付秀和黄继承（2011）在研究中发现，具有治理效应的负债和具有激励效应的经理薪酬都会影响企业价值，负债的约束机制与正面的激励机制之间存在替代关系。

除此之外，众多的经验研究结果表明（Titman and Wesseles，1988；Graham and Harvey，2001；Harford et al.，2009），在企业中存在最高的债务水平，管理者可以通过合理安排企业的债务占比使资本结构达到最高水平，从而最终促使企业价值得到提升（Lööf，2004）。

2.1.3 风险补偿理论

由于债务税盾收益的存在，企业可以通过采用高负债的方式运营，从高负债机制中获得利息收入，从而达到盈利。然而，事实上，企业通常保持着一个适度的举债水平。其原因在于直接破产成本的存在：较高的债务水平将会增加企业的破产可能，所以任何与破产相关成本的出现都会使企业发行债券的动机减小（Kraus and Litzenberger，1973）。尽管如此，Haugen 和 Senbet（1978）指出，这些成本不能超过他们的谈判成本（否则债务人将直接使企业破产）。然而，Titman（1984）认为，存在对现有债务水平破产的另一种可能性解释，即间接性成本，除债务和股权持有人以外的其他利益相关的破产要求成本。在这个视角下，许多研究对其进行了扩展，然而，研究人员一直在努力确定一个特定的间接破产成本以抵销债务所带来的利益（Andrade and Kaplan，1998）。

对于现有的研究，在公司破产过程中，公众主要关心的是破产的人力成本，这个成本也受到了许多文献的重视。这很容易理解，如果一个员工的薪酬具有竞争性，他们将不会花费成本去找一份薪酬一样的工作，但由于企业破产的存在，员工择业会存在一定的成本，或者他们也面临找不到工作的成本，又或者是找了一个工资较低的工作。

在没有破产的情况下，Harris 和 Holmstrom（1982）认为，最优的员工保障合同在于保证员工工作的稳定，即员工没有被辞退，以及支付员工固定的工资（没有下降的工资），但员工的工资会受到员工能力的影响，在此情况下，员工就自我感觉是安全的。这个结论表明，尽管员工担忧自己人力资本风险的暴露，但这个风险是系统的，所以股东对于分散这种风险是无成本的。最优的风险承担为股东承受了员工固定薪酬所带来的所有风险。尽管如此，在这个契约下，员工不能被迫工作，除非获得更多的薪酬激励，不然他们不会付出较大的努力。在 Harris 和 Holmstrom（1982）研究中，企业没有负债，股权持有人有无限的责任（可信的承诺合同，即使公司不能支付工资，股东也必须支付员工工资）。然而，Berk 等（2010）在考虑企业既有股权与债务的情况下，除非企业处于高风险中，否则员工薪酬不会下降，他们的工资随着他们的效率的提高而增加。然而，如果公司在员工合同框架下，不能支付利息，雇员的工资将会受到支付影响。如果公司的财务状况好转，那么他们的合同工资将会得到支付。如果情况进一步恶化，该公司不能支付利息，甚至员工对于自己的工资也不让步，这将导致企业破产，员工的契约将被解除，员工被解雇，那么更有效的员工将被雇用，以此替代那些被辞退的员工。因此，稳定的员工将会面临着可替代的成本，他们被强制降低工资，以及获得市场价格的工资。所以，这种最优的工资薪酬契约将会受到企业资本结构的影响，企业也将面临着资本结构带来的债务税盾与破产风险的权衡。

资产在不失掉其使用价值的前提下，用于不同范围或者被不同使用者利用的程度，被称作资产的专用性。当一项资产开始使用后，很难在不失掉资产价值的前提下转做其他用途。因此，资产的所有者在交易中很有可能受到来自交易对手的威胁，被动地成为风险的承担者。为了补偿自己的损失，资产所有者要求对风险做出弥补。由于人力资本具有不可分割性、专用性和协作性的特点，人力资本所有者通常都无法逃避企业的风险，从而成为企业最终的风险承担者，所以其理应在承受风险时受到补偿。由 Berk 等（2010）推导的最优补偿合同预示员工将通过接受低工资来为劳工合同确定的保险买单。在其他条件不变的情况下，高杠杆率与高薪酬相关。他们同时主张薪酬对于企业杠杆比率具有解释力。基于这一观察，Cheng 和 Zhang（2008）发现了薪酬和杠杆率之间的正向关系的经验数据。

2.1.4 薪酬激励理论

激励理论的开端是马斯洛的需要层次理论，该理论一方面倡导人的行为由需要推动，当需要未得到满足时激励才会发挥作用；另一方面将人的需要划分为五个层次，依次为生理、安全、爱与归属、自尊和自我实现，个体只有在低一层次的需要得到满足时，才会产生高一层次的需要。阿德佛（Alderfer）对马斯洛的上述理论进行重组后提出了 ERG 理论，认为人有生存需要、关联需要和成长需要，如果高层次需要不能得到满足，那么满足低层次需要的愿望会更强烈。麦克里兰（Mcclelland）在 1961 年提出成就激励理论，将人的社会性需要归纳为成就需要、权力需要和合群需要三个层次。对这三种需要的满足会受员工因薪酬引发的心理感受的影响。需要层次理论的主旨在于明确薪酬具有激励效果，当员工低层次需要的薪酬已获得满足的同时，就会追求高层次的需要，此时就可以通过薪酬设计发挥激励作用。

赫兹伯格在 1959 年提出了著名的双因素理论，即激励因素和保健因素。认为影响工作满足度的因素有本质的差异（张伶和张正堂，2008）。那些与工作有直接关联的因素被称为“工作内在因素”或“激励因子”，如工作本身、成就、责任、升迁等；而其他一些并没有与工作直接关联的因素被称为“工作外在因素”或“保健因子”，如工资、福利、工作环境等。并认为在薪酬之外，那些与工作特性相关的内在激励因素对于激励员工具有至关重要的作用，不容忽视，对员工的柔性激励相当必要。另外，一般意义上，工资和福利属于保健因素，绩效工资属于激励因素，要合理安排两者比例才能发挥激励作用。

弗隆（Vroom）1964年在《工作与激励》中首先提出期望理论，用公式表达为：激励力量 = 期望 × 效价。其基本观点为订立的目标价值越大，能实现的概率越高，激励的效果就越强。

受期望理论的启发，波特（Porter）和劳勒（Lawler）于1968年推导出激励过程综合理论，该理论认为工作绩效受多重因素影响，包括个人能力、工作环境、对组织意图的理解和感受、对薪酬公平性的体会和个人工作努力程度。该理论表明员工既注重薪酬分配的结果，也注重薪酬分配的过程，“努力—绩效—薪酬”的紧密衔接能提升激励效果，而薪酬体系的公平性对激励效果影响重大。

两权分离是现代企业的主要特征，在此影响下，薪酬激励的主要理论区分为最优契约理论和管理层权力理论（权小峰等，2010）。最优契约理论认为，有效的薪酬安排可以激励管理者按照股东利益最大化行事（Jensen and Meckling，1976）。管理层权力理论认为董事会与股东之间也存在代理问题，即所谓的“监督监督者”的问题，而董事会是不可能完全掌握管理层薪酬契约设计的，因此管理层有动力也有能力设定自己的薪酬并使用权力“寻租”，权力越大则决定自身薪酬的能力越强（Bebchuk and Fried，2002，2004）。薪酬契约并不能完全甚至部分解决代理问题，因为其自身就是代理关系的另一种表现形式。

最优契约理论还提出，可以通过完备的契约计划将管理者报酬与股东财富紧密连接起来，以督促管理者行事时以股东利益最大化为目标（Jensen and Meckling，1976）。该理论成立的假设条件是董事会具有有效谈判的能力、市场具有有效约束力和股东可以自由行使权力。

然而，Bebchuk 和 Fried（2002；2004）研究发现，管理层与董事会之间的关系与最优契约理论的预期差之甚远，因为管理者拥有强大的权力，董事会可能被管理层抑制或受其影响，使最优报酬契约不但不能降低代理成本，反而本身又生成一种新的代理问题。同时，由于经理人市场注重的是管理层以往经营成效而甚于其所获租金，产品市场注重的是企业整体盈利水平及业务量的多寡而甚于管理者报酬，因此完全有效的市场约束很难形成；而信息不对称的存在更使股东权力难以有效实施。

Finkelstein（1992）将权力诠释为管理者达成自身意志的能力。March（1966）认为，管理者权力是消除不一致意见的能力。肖丕楚、张成君（2003）的研究结论是管理者权力是在公司内部治理缺失、外部约束不足的状态下，管理者所行使的超出其应有控制权范围的特殊影响力，其想要达成自身意愿的能力体现了其对剩余控制权的扩张性追求。在中国，管理者权力是制度更替的产物，具有经济转型期鲜明的阶段特征。权力在孱弱的公司治理机制下急剧膨胀，为管理者自身的利益攫取服务，其最直接的表现是自定薪酬，追逐短期利益，而权力操纵的最终后果是损害公司价值。

2.1.5　委托代理理论

Jensen 和 Meckling 在 1976 年提出，员工和组织关系的代理理论，认为降低代理成本的关键是合理引导代理人的行为，薪酬可以是雇主影响员工按照对雇主有利的方式工作的工具。在他们的理论中，代理关系被视为一种契约，在契约的作用下，委托人聘请代理人为其服务，把一系列决策权转交给代理人，托付他们代表自己行使相应职责。如果订立关系的双方都是经济人，追求各自的效用最大化，那么就有充分的理由证明，代理人不会时刻按委托人的利益最大化行动。为了确保代理人与投资人的利益保持一致，委托人（投资人）会对代理人进行适当的激励，并聘请相关外部独立机构来监督和约束代理人行为，从而将其利益偏差控制在合理或可接受的范围。另外，在特定情况下，为防范代理人采取某些行动危及委托人利益，或者一旦代理人采取类似的行动，为补偿委托人的损失，可以由代理人事先支付一笔保证金。

委托代理理论随后发展成为现代公司治理理论和现代企业理论的重要组成部分，其研究范围涉及企业内部各成员之间的关系，既包括企业所有者与经营者，也包括企业管理层与员工。在现代企业所有权与经营权分离的大背景下，企业所有者（委托人）与经营者（代理人）在预期目标的不一致、双方信息存在不对称、风险偏好不同、承担责任的不对等以及契约不完备的情况下，使委托人与代理人在行为以及价值取向上存在不一致性。由于委托人与代理人在经济利益目标函数的不一致，风险偏好的不同，对于公司营业状况信息了解程度的不同，代理人通过对信息的占有优势，采取偏离委托人的目标价值函数进行生产决策，追求自身利益最大化，损害委托人以及公司利益，从而产生委托代理问题。而在企业的日常生产经营中，员工由于对薪酬、企业文化、管理者风格，以及工作条件、公平感知度或者偷懒、自利等原因，而产生与管理者期待行为不一致的表现，从而违背双方订立的工作协议，引发委托代理问题。

代理问题的基本分析框架如下：由于委托人与代理人之间的效用函数不一致，以及存在信息不对称，从而导致委托人对代理人的激励不到位；又或者由于监督成本的存在，委托人对于代理人的监督不完善。所以，代理人为了实现自身价值的最大化，采用不利于委托人利益的行动，又或者利用其对企业了解的信息优势采取有利自身决策，最终导致非效率损失（表现为道德风险和逆向选择）和代理成本。如果代理问题存在，那么代理人如何进行决策使自身利益最大化，导致企业的资本配置效率降低、融资约束增大？在资本配置效率方面，代理人乐于扩大规模生产，甚至把企业自由现金流投入到 NPV 小于 0 的项目中，以增大其构建的“帝国”，同时还可以享受到生产规模扩充带来的众多“福利”，如在职消费、声誉提升和报酬的增加等。这些行为将会导致企业过度投资，资本配置效率降低，损害投资者利益。

Stiglitz 和 Weiss（1981）、Lambert 等（2007）则认为，如果

委托人意识到代理人会进行过度投资，对资金使用以及供给进行了限制，这将导致企业投资不足，资本配置效率降低。所以，过度投资与投资不足主要是由于委托代理问题引起的，但归根结底，信息不对称是导致资本配置效率的基本前提条件。如果市场中不存在信息摩擦，即信息完全公开透明，经理人的行为完全可以被投资者所观察，以致代理问题减弱，经理人的投资行为将实现最优，资本配置效率也将处于最优。代理问题的存在使出现一系列理论假说来解释代理人投资行为。比如，有研究认为，代理人把企业作为其获得私人利益的来源，从而导致企业资本的非效率（Rajan and Zingales，1998）。在现金流代理假说下，代理人往往把企业自由现金流投入到能够为其带来私有利益的项目中，尽管这些项目净收益小于 0，最终导致过度投资，资本使用效率低下（Jensen，1986）。帝国构建假说表明，如果企业规模较大，将会给代理人带来非正常的收益，其中包括经理人市场中的声誉，以及社会地位。所以，代理人通常都会进行大规模的投资，以扩大企业规模，这将导致投资过度，资本使用非效率（Stulz，1990）。职业防御假说认为，代理人进行过度投资有利于其自身地位的巩固（Morck et al.，1989）。

2.1.6 企业价值理论

古典经济学认为，企业的实质是一个生产函数和技术关系，是将土地、劳动、资本等的生产要素投入后再形成产出的经济组织形式。企业的生产经营过程，是价值形成、价值增值和价值实现过程的统一，对经济利益和效率进行最大的追求是价值规律本质的体现。企业唯有创造价值并实现价值，才能在严峻的市场竞争中立足并得到持续发展。因此，价值创造和价值实现是企业发展的核心目标。

按照价值来源的主体不同，企业价值理论经历了劳动价值理论、资本价值理论、顾客价值理论和效用价值理论。劳动价值理论在 18 世纪中期至 19 世纪中期前后 100 多年的时间一直被奉为主流价值理论。该理论的基本观点“劳动是价值的来源”，首先由威廉·佩第在《赋税论》中初次提出。随后，李嘉图继承并深化了这一思想，坚持劳动是价值的唯一来源。在这之后，马克思开创了科学的劳动创造价值的思想，把劳动价值理论推动到最高阶段。马克思认为，商品是用来交换的劳动产品，价值是凝结在商品中的无差别的人类劳动，以社会必要劳动时间来衡量。劳动价值理论认为企业的价值由劳动创造，在劳动价值理论框架下，商品价值由不变资本、可变资本和剩余价值构成，其中不变资本和可变资本转化为成本，剩余价值转变为利润，企业价值即为成本与利润之和。这一阶段，在生产要素的投入中，劳动投入多，资本投入少，企业于是不断延长劳动时间，提高工人劳动强度，靠强化劳动的方式来赚取利润。既然只有劳动创造价值，工人越是拼命劳动，其创造的产品价值越高，企业价值越高。

工业革命后，人类进入制造经济时代，资本日益取代劳动在企业价值创造中的地位而占据主导。费雪在 1906 年出版了《资本与收入的性质》，在该书中首次完整论述了价值创造的源泉问题，系统分析了收入与资本的关系。费雪认为，资本能带来持续的未来收益，资本的价值就是未来收入的折现值，即未来收入的资本化。资本价值理论的核心是，不仅劳动创造价值，资本也创造价值，企业价值是投资者将资本投入企业中运作周转所产生的价值。根据资本的构成和存在形态及其在企业价值创造中所占比重的不同，资本价值理论具体又包括有形资本创造价值、无形资本创造价值、人力资本创造价值、组织资本创造价值和生态资本创造价值（李海舰和冯丽，2004）。资本形式与经济发展水平结合才能产生效率，随着经济发展阶段的不断提高，资本创造价值的方式日趋隐形化、智能化、人性化、自然化。随着现代企业资本内涵与外延的不断扩大，资本在价值创造中占据的份额越来越大，资本价值理论日渐成为现代西方经济学的主流理论。

顾客价值理论提倡从顾客的视角评定企业产品的价值，企业的价值由顾客决定。注重顾客的感知和体验是顾客价值理论的核心，企业的价值定位逐渐从“供给主导”向“需求主导”转化，企业的一切行动都以顾客为准绳，顾客主权时代到来。由于企业的价值源自外部的认可，实时沟通与个性服务至关重要，企业必须与客户成功对接，努力设计出迎合客户主观需求的体验产品。顾客价值理论促动了价值创造从企业内部向企业外部延伸，从客观物品使用本身向主观感受转移的趋势。随后的效用价值理论是顾客价值理论的升级，其核心是商品的价值由其效用即使用价值决定。强调价值衡量标准的多层性，企业价值由消费者决定。

自 20 世纪 60 年代利益相关者理论受到世界范围内的普遍关注后，利益相关者对企业价值的影响成也已形成一定的研究成果，主要代表人物是 Tom（2004）和 Michael（2005）（吕帅等，2008）。该理论的研究目标是如何给影响企业经营的利益相关者以合理的价值回报，从而使各利益相关者来自企业的未来收益达到最大。利益相关者企业价值理论强调企业应关注各相关主体的利益，关注企业长远发展的利益需要，注意风险和报酬关系的匹配，引导企业注重可持续经营，实施战略发展，避免短期经营。利益相关者企业价值理论认为所有者财富最大化是绩效的核心，债权人利益的保障是绩效的关键因素，员工权益保障是绩效的重要基础，社会责任是企业长远绩效的根本保证（陆庆平，2006）。

事实上，企业价值最大化也是现代企业财务管理追求的目标。在经历了利润最大化、股东价值最大化的发展后，企业价值最大化理论中因为涵盖了多方相关者的利益平衡、注重风险控制和可持续发展的长远目标而日益成为认可度趋于统一的主流研究思想。经验研究中，关于企业价值的测算，可以从静态和动态两个角度考察。静态的企业价值通常是财务价值，动态的企业价值是企业未来的盈利能力。

2.2 文献综述

本节将对员工薪酬、员工行为以及企业价值的相关文献进行分析总结，并进行相应的评述，以勾勒出本书研究方向与创新。

2.2.1　员工薪酬影响因素相关文献

工资及其影响因素的研究一直是经济学关注的热门话题。从历史演进来看，从古典经济学的最低生活维持费的工资理论、斯密的工资决定理论和工资基金学说，到新古典经济学的边际生产力工资理论和均衡价格工资理论，再到现代经济学的谈判工资理论、分享工资理论、效率工资理论和制度学派工资理论，研究者对于工资的本质和工资决定机制的认识和论述已逐渐深刻和更加贴近现实。从古典经济学将工人看成同机器一样的生产要素，到现代经济学认为雇主与雇员是相互信任的合作关系，工资已经从单纯的成本变成投资，成为一种激励因素。

在西方国家，工会作为职工群体的代表在工资政策制定以及与工人有关的企业其他重大决策中发挥关键作用。中国在 2000 年制定了《工资集体协商试行办法》，虽然在薪酬集体议价方面迈出了一步，有一定的进步意义，但由于职工长期以来在企业中地位与力量的弱小，加之信息不对称以及中国工会文化的缺失和定位的模糊，使员工在与企业进行工资协商议价的过程中始终处于弱势，工会的集体工资决策作用不大。

在员工工资的决定机制上，虽然薪酬源自企业契约的一种，但除基本的保障作用之外，工资制定还被发现与管理者策划的隐性契约有关。目前在经济学的范围内关于隐性契约的研究相对地集中在工资刚性起因的研究上，研究发现管理者支付高薪酬给职工，就是将工资作为与员工交换和结盟的礼物，目的是换取职工努力工作的回馈（Akerlof，1982）。Cronqvist 等（2009）发现，具有“堑壕”动机的管理者会以高工资向员工示好以换取控制权私利。Pagano（2005）发现，当公司经营层与股东之间的利益摩擦增大时，管理者会通过支付高薪酬的形式与职工形成同盟。

在所有权性质与行业垄断方面，国有企业改制前后薪酬机制的变化以及国有控股的股权特征对管理层薪酬安排的影响及其经济后果研究受到较多学者关注。已有文献梳理了改革前后中国国有企业职工薪酬机制的变化，得出了国有企业职工薪酬激励的市场化程度在经济改革后有很大提高的结论（Meng，2000）。一些研究考察了不同股权性质下高管薪酬的激励效应，结果显示，国有股权性质会对管理层薪酬水平产生影响并使管理层薪酬的业绩敏感性显著降低（Firth et al.，2007；Cao et al.，2011；方军雄，2009），但上述研究不能提供股权性质影响职工薪酬尤其是普通员工薪酬机制的详细证据。张杰和黄泰岩（2010）利用企业数据研究了员工工资决定机制，但没有关注股权性质的影响。Dewenter 和 Malatesta（2001）以及曾庆生和陈信元（2006）认为，为了降低就业压力，政府会对国有企业施加压力从而使这类企业产生超额雇员，这将降低国有企业普通职工薪酬。陆正飞等（2012）研究了中国 A 股上市公司 1999~2009 年的样本，细致分析了国有股权性质对普通员工平均薪酬的影响。结果显示：整体而言，国有企业向员工支付了更高的薪酬，这一结论在剔除了行政垄断，控制了企业规模因素和职工人力资本特征（受教育程度）等因素的影响下依旧成立。进一步细分国有企业控制级别和职工类别后，发现国有企业相比于非国有企业在普通职工薪酬支付上显著更高。国有央企普通职工工资比地方国企普通职工薪酬更高，而地方国企普通职工薪酬又显著高于非国有企业。而陈弋等（2005）的研究表明，城镇集体企业职工工资低于国有和外商投资企业，但国有企业和外商投资企业在小时工资率上差别不大。邢春冰（2005，2007）研究发现，1997 年就教育回报率看，非国有部门要显著高于其他部门，而 2000 年起国有部门开始高于非国有部门（邢春冰，2007）。而 Dong 和 Bowles（2002）使用轻工业部门 1998 年的统计数据后分析发现，教育回报率在不同所有制类型企业的回报差别并不明显。张车伟和薛欣欣（2008）采用 2005 年企业调查数据发现，中国国有企业给员工支付了更高工资，且国有企业工资溢价的 80%以上来源于人力资本优势。刘渝琳和梅斌（2012）利用 2002~2009 年中国上市公司样本，证明行业垄断对上市公司职工薪酬存在影响。具体而言，垄断行业的职工薪酬明显高于非垄断行业，并且垄断与非垄断行业间职工薪酬差距呈持续扩大的态势。叶林祥等（2011）利用首次全国经济普查数据，实证分析了行业垄断和所有权性质对职工工资的影响，发现行业垄断对国有企业职工工资的影响显著，能带来直接的工资溢价，而对其他所有制企业没有直接影响。

在高管影响方面，陈冬华等（2011）认为，工资是管理者激励员工的重要工具，并能借助工资增长这一隐性契约实现自身的控制权私利扩张。文章以高管更替过程中的员工的薪酬变化为研究背景，发现继任高管会凭借增加员工薪酬而与企业职工建立“互惠”，从而显著降低职位变更的概率；相对于内部选拔的高管，来自企业外部的高管具有更大的提升职工工资的动力，也更有动机借势搭建起新的公司政治关系网络。职工薪酬是管理层与职工建立政治伙伴关系的重要工具之一。这种建立在隐性契约基础上的、以获得控制权私利为目的的薪酬增长机制更多的是出于高管的政治动机而非经济激励机制，可能会成为高管和员工侵害股东利益的一种方式。Cronqvist 等（2009）发现，强势管理者更有可能支付高工资，以期与职工形成友好的社会关系或缓和摩擦，并且公司治理水平和管理者持股情况分别会对职工工资产生重要影响。Pagan 和 Volpin（2005）发现，如果管理者企望获得高的个人利益而又持有公司股份不高，当管理者和股东之间的发生较大利益分歧时，管理者很可能凭借向职工支付高工资而达成利益同盟。倪飞等（2013）以 2003~2012 年中国 A 股上市公司为样本，探究治理效率对薪酬决定的影响，尤其是对普通职工薪酬机制的影响，结论是治理效率对普通职工工资水平和差距形成有显著影响。吕长江和赵宇恒（2008）认为，由于中国经理人市场尚未形成，国有企业管理层由政府任命，管理层受员工影响而被解聘的压力不大，基本不存在为讨好职工而支付更高薪酬的动机。王雄元等（2014）依据管理层权力假说，以 2007~2010 年中国 A 股上市公司数据为分析样本，对职工薪酬问题进行了研究。结果显示，拥有较高权力的国有企业 CEO 更倾向于为职工支付较低的薪酬，这些都与 Cronqvist 等（2009）的结论截然不同，同时研究也发现，国有企业普遍存在着超额雇员现象，这可能是国有企业普通员工薪酬偏低且与形管理者权力呈负相关关系的一个潜在原因。Cronqvist 等（2009）认为，发达国家员工利益保护机制较为完善，企业注重人力资本保护与职工薪酬激励，职工力量强大。良好的公司治理机制与法律体保障体系能对管理者权力形成有效约束，促使职工拥有较强的薪酬谈判能力，从而有可能争取到更高的工资支付。

2.2.2　员工行为影响因素相关文献

员工行为主要包括员工离职、员工生产能力与员工质量。结合国内外研究，目前受较多关注的是员工离职行为，因为这个行为是较易观测的。国外学者在 20 世纪初期开始关注离职问题。早期引领这一领域研究的主要是经济学家，重点考察工资制定、劳动力市场构成、失业率等一系列宏观因素对员工离职带来的影响。其中，具有较大影响力的是经 March 和 Simon（1958）设计的“参与者决定”的员工离职模型。这个模型首先假设员工具有理性决策的能力，然后通过设计离职意愿和离职可能性两个变量来分别考量员工自我感知的从企业中离开的合理性和离职容易性。20 世纪 70 年代，离职动因模型的研究被深一步推进，由 Price（1977）创建的离职模型最具代表性。他把工作满意度作为中间变量来研究测试变量与离职行为之间的关系，可供选择的工作机会充当着工作态度与离职行为之间的调节变量，组织承诺是另外一个重要的中介变量，探讨了工作环境和个体变量对离职行为的影响。Mobley（1977）对离职做出了明确的解释，“从组织中获取物质利益的个体终止其组织成员关系的过程”这一定义后来为大多数学者研究离职时所采用。他还提出了离职决策的中介链模型，通过一系列中介变量描述了雇员进行离职决策的心理变化过程，并于 1979 年提出更多构想概念的扩展中介链模型。

工作满意度在众多离职相关文献中被多维度描述，被认为是离职意向决定的一个关键性因素。满意度是指员工对薪酬、工作状态和监督管理的认可水平，工作自主权、分配公平性、薪酬、晋升机会等都被发现经由工作满意度而影响员工离职意向或行为。许多研究证明工作满意度与离职意向之间呈负相关关系（Bluedorn，1982；Cotton and Tuttle，1986；Price，1977），理由是不满的员工更倾向于选择离开，这种关系从现实角度看的确经常存在。在波特（Porter，1974）的研究之前，学者一直把工作的满意度视为员工离职的主要原因，但他们后来的研究转向组织承诺，并强调其比工作满意度对于离职的影响更重要。至此，组织承诺被予以重视并经研究证实与员工离职呈显著负相关（Bluedorn，1982；Chang，1999；Jaros，1997；Meyer and Allen，1991；Somers，1995）。个人承诺忠诚于组织，组织承诺提供更多的发展机会，这种相互之间的承诺度越高，员工的离职意向越低。魏江茹（2009）从组织层面与个人特征层面剖析了导致员工离职的因素，认为人际交往、业绩满足感、文化开放性等组织层次的因素对留住员工意义重大，组织公平和薪酬福利对离职的影响紧随其后。储小平和盛琼芳（2010）也从企业特征与员工心理角度分析了影响因素，探讨在发生企业变革的情境中注重对员工心理所有权的激励可以减少员工离职倾向。

Hom 和 Griffeth（1991）以退出认知理论为基础创建了一个离职动因模型。该模型认为，工作态度会引发退出认可，进而会导致迟到、旷工和离职等多种退出行为。随后，Griffeth 和 Hom（2000）在元分析中证实工作满意度能完美地预测离职，它们之间的相关系数为-0.19；迟到被视为一种最缓和的退出表示，与离职行为的相关系数为 0.06；旷工对离职的影响程度居中，它们的相关系数为 0.02；离职与工作业绩之间的相关系数为-0.15，表明工作绩效越高的员工越不愿意离开企业。

国内关于员工流动的研究于 20 世纪 90 年代中期逐渐展开，初始的研究主要是针对劳动力流动的原因剖析和对国外员工离职理论的述评。谢晋宇等（1999）是国内最早开展离职系统研究的学者，其在文章中对 20 世纪 80 年代之前国外的员工离职模型和研究进展做出了详细的梳理和评价。但上述研究多限于最初阶段的研究摸索，缺少系统和定量的分析验证。近几年来，国内关于离职问题的经验研究得到了较为深入的开展，也形成了一系列的文献成果。时勘等（2001）从心理学角度构建了科技类企业员工离职的预测模型。张勉（2003）采用西安市 15 家信息技术企业的 742 个离职样本，研究了该行业人员离职的影响因素。蒋春燕和赵曙明（2001）总结了知识型员工流动的特点，总结出影响人才流动的因素依次是职业成长、工作自主、工作业绩和薪酬福利，提出加强人力资源信息管理、运用现代激励政策以留住核心人才的策略。赵西萍等（2003）采用调查问卷法，研究员工的工作态度对其离职意向的影响，研究发现工作满意度、升迁满足感、事业开发压力、组织承诺和对薪酬满意度是影响员工离职意向的关键因素。崔勋（2003）通过对国内 7 个省市地区国有企业和外商投资企业员工展开问卷调查，在对数据实证分析的基础上得到结论：员工感知到的组织承诺越高，员工期望工作时间越长，员工离职意愿越低。组织承诺是影响员工离职意愿的关键因素，组织承诺度越高，离职倾向性越低。叶仁荪等（2005）将铁路运输企业作为研究样本，发现工作满意度与组织承诺对员工离职影响巨大，呈显著负相关关系，特别是工作满意度是影响员工离职意向的首要因素；管理监督、领导行为、薪酬福利、工作晋升也是影响员工离职意向的重要变量。刘智强等（2006）研究了武汉市国有企业员工离职情况，得出了工作对象、晋升制度、薪酬安排、组织承诺和可供选择的工作机会是影响国有企业员工离职意向的关键因素的结论。张正堂等（2007）以苏北地区499名核心技术员工和中层管理人员为研究对象，实证检验其离职影响因素。结果显示，亲属责任、工作业绩的可观测性与异地离职意向显著正相关，而自由决定权、职业生涯规划、制度公平、与组织匹配度与离职意向负相关，它们都通过作用于工作满意度而影响员工异地离职倾向。对于那些可以观测到的有较高工作业绩的欠发达地区的知识员工，企业应给予高度的关注，尽量通过差异性管理，设计柔性福利制度等方式增强这类核心员工的工作满意度，才能最大限度地留住人才。另外，有研究显示组织的公平性显著影响员工的离职行为和离职意向（Randall and Mueller，1995；Berg，1991；Price and Mueller，1986），该公平性既包括分配公平也包括程序公平。企业应根据员工的工作业绩和胜任能力兑现合理的报酬或提供良好的晋升机会，这样才能激发组织内部员工不断奋进的热情，同时有效降低其离职意向。

在影响员工离职的诸多因素中，薪酬因素一直占据重要地位。对于普通员工而言，薪酬是收入的主要来源，获取薪酬也是工作的主要目的。对员工进行薪酬激励可以提升绩效，激发员工工作积极性，从而显著降低离职倾向。薪酬激励既是物质上的表彰，也隐含着对员工工作业绩的肯定，还显示了其在社会地位和精神层面上的优越感。因此，较高的薪酬是吸收、挽留和鼓舞员工的重要工具。然而有研究表明，员工不仅关心自己获得的薪酬多少，也会根据薪酬的横向和纵向比较来对分配过程及分配结果做出判断，并根据感知到的薪酬制度公平性来选择自身的行为。步丹璐等（2013）认为，制定薪酬政策的目的就是为了调动员工积极参与的工作热情，激发他们的主动性和创造性，从而最终提高组织的工作效率。刘慧龙等（2010）认为，薪酬既是对员工工作成果的首肯和评价的工具，也是召唤员工服从企业安排的企业体制的一部分。张延彩和韩玉启（2007）研究发现，配公平经工作满意和组织承诺影响员工离职意图。钱爱民等（2014）基于薪酬公平理论从薪酬分配的结果公平和过程公平角度分别研究了薪酬政策对员工整体离职的影响。研究表明，工薪酬、薪酬溢价和薪酬差距都对员工离职率有显著影响，其中薪酬及其溢价与离职率显著负相关，企业内部薪酬差距与离职率显著正相关；企业业绩降低时高管涨薪比例若明显高于员工涨薪比例，员工离职率会显著升高。如此可知，酬分配的结果公平和过程公平均是对员工做出离职选择的重要影响因素。

2.2.3 企业价值影响因素相关文献

员工薪酬对企业价值有显著影响。行为理论认为企业内不同层级之间的薪酬差距能对企业社会心理和政治环境产生重大影响，能够决定员工在企业的付出是单纯出于自利的个人利益追逐还是出于忠诚的为组织目标实现。该理论的观点获得了大量经验研究的支持。Cowherd 和 Levine（1992）发现，低层次员工对薪酬的公平知觉更敏感；对薪酬的不公平感知会导致组织间人际交往的负面情绪蔓延，伤害员工间的信任和感情联络，从而破坏友好合作的意愿；企业内部薪酬差距过大，也会使基于晋升的竞赛升级从而使组织的凝聚力受损；薪酬的公平性也会影响员工生产效率，与产品品质呈正相关关系。Pfeffer 和 Langton（1993）研究了大学教师的工资样本，发现在学术研究部门，员们对工资差距的公平感知会通过个人满意度作用于研究生产率，工资差距越大，他们在研究上合作的机会就越小。当工资主要和教员的经验与学术产出率挂钩时，工资差距作用于心理满意度的负向效应在那些执着于学术研究的人身上减小。然而，对于组织内的低收入阶层，这种负面效应则是增大的。Greenberg（1993）通过实验室研究证实被给付低薪酬的员工会萌生出挫败和愤怒的情绪，这很可能诱使员工产生道德风险和舞弊行为以发泄及弥补他们内心不公平的感受。因此，上述结论与行为理论预期相同，都强调薪酬差距首先带来相应的员工或者管理者工作心态的变化，诸如对工作不满意或工作积极性下降，从而损害个体和组织业绩。在对国内企业的研究中，张正堂（2008）提出，高层管理人员内部层级之间薪酬差距、高管团队与普通员工之间的薪酬差距都会对企业未来价值产生影响。其以国内上市企业为样本，得出了薪酬差距影响企业价值的经验证据：管理层内部薪酬差距会严重影响企业下一期总资产收益率，薪酬差距越大，企业未来绩效越低；但是管理层薪酬差距与企业技术复杂程度、企业人员数量的交互作用会对未来绩效产生显著正向影响；管理层与员工之间的薪酬差距不会对企业未来绩效产生影响。这从侧面证实了竞赛理论不适用于我国企业。张正堂和李欣（2007）对上市公司 2001~2004 年的数据进行实证分析，研究发现，工资差距和企业价值的关系与行为理论的预期一致，该理论在他们的研究中也得到了合作需要这一调节变量的支持。上述研究结果表明，与竞赛理论相比，在针对管理层的薪酬设计中首先要考虑行为理论在中国的适用性。

经济学家很早就关注到薪酬的激励作用并对该问题进行了系统的讨论和检验（Smith，1776；Marshall，1890；Koontz and Weihrich，1968；Shapio and Stiglitz，1984）。Lenoard（1987）和 Holzer（1990）的研究成果在相当程度上对高工资能正面作用于企业绩效的结论给予了支持。Fernie 和 Metcalf（1995，1999）实证检验了与业绩匹配的薪酬机制对绩效的积极作用。但也有研究者认为（Marsden and Richardson，1994），职工对与业绩相关的工资制度并不热衷，因而使该制度并不能起到很好的激励作用。上述研究表明，利润分享工资理论在不同时期和样本的检验中结论并不统一，但总体而言，支持其有积极作用的结论居多。陈冬华等（2010）获取了山东省国有非上市公司 2004~2007 年的数据样本，研究证明了普通职工工资差距大，薪酬分布结构不均匀，两极分化严重，职工工资被平均拉高迹象显著；企业存在工资刚性，包括向下刚性和向上刚性，两者都会降低对员工的激励效率从而对业绩产生消极影响，尤其是向下的工资刚性。研究建议政府放松对工资增长的管制，并建议企业正确识别职工努力程度，建立与企业业绩密切相关的薪酬激励制度，使职工对未来投入—报酬产生良好预期，从而提升绩效实现企业价值的增加。夏宁和董艳（2014）指出，如果仅仅将员工薪酬视为企业的运营成本，则忽略了员工价值创造的能力，也就忽略了员工薪酬的激励作用。他们针对国有中小上市公司经验研究的结果表明，员工薪酬有显著的正向激励作用；薪酬不仅仅体现为生产成本，还是激励工具；薪酬影响员工行为，薪酬的提升可以调动员工的工作热忱，从而有助于企业发展和竞争力增加。鲁小东和焦捷（2011）采用国内A股上市公司2001~2009年的1209个样本对职工工资与企业规模及其成长性之间的关系进行了实证检验。研究结果显示：普通职工薪酬对企业成长性有显著正向影响；高管薪酬与企业成长性之间呈倒U形结构，企业规模、企业价值与成长性呈显著的U形关系；高管持股、独董比例对成长性有正向影响但不显著；董事会规模与公司成长性呈不很显著的倒U形关系。王永乐和吴继忠（2010）发现，家文化特征对薪酬激励的效果有显著影响，企业内部不同层级间员工薪酬差距与企业未来绩效正相关，但两者关系有区间效应，呈现二次曲线关系，可以通过扩大层级间人员薪酬发挥竞赛理论的激励作用，但差距不宜过大，则会适得其反；而同一组织层级内员工薪酬差距与企业绩效不相关或者负相关，其结果符合行为理论的预期。在中华文化背景下，层级之间高薪酬差距和层级内部低薪酬差距的薪酬结构安排更适合当下中国企业。

员工离职对企业价值也会产生显著影响。倪昌红和张洁慧（2015）对研究员工离职与企业绩效关系的成果进行了统计，发现现有文献大多认为离职对企业具有功能上的破坏，因而对企业绩效会产生显著负面影响。支持这一结论的理论解释包括成本视角理论（Daltondr and Todor，1979）、人力资本视角理论（Becker，2009）和社会资本视角理论（Leana and Van，1999）。以成本视角看，员工离职后企业要在工作承接和人员招聘管理上投入相应的费用，使成本花费增加。从人力资本视角看，员工离职会是企业遭受知识和技能损失。而伴随着员工离职，与其相关的包括企业内部和外部的所有社会关系网络短期的不可恢复性是企业的又一重大损失，这就是社会资本理论视角。进一步的文献剖析发现，在人力资本理论和社会资本理论的作用下，员工离职和企业绩效呈现非线性关系。国外学者对员工离职与企业绩效影响的研究更为悠久，离职损害企业绩效的观点获得多方面研究的证实。诸如，企业整体离职率负向作用于销售业绩（Kacmar，2006），会降低成本效率（Alexander，1994）和劳动生产率（Brownc and Medoef，1978）。另外，还有研究表明，工离职率的上升会带来顾客服务水平的降低（Hausknecht，2009）、企业业绩增长率的下降（Batt，2002）和企业的实物损失（Detert，2007）。但也有研究显示了与上述分析不一样的结论，即认为企业整体离职率与未来绩效之间并非简单的负相关关系，而是存在非线性关系。这一结论虽然还存在较大争议，但也被一些学者所接受。

总体而言，关于离职经济后果的研究还为数不多，员工离职对企业价值的影响研究的非线性关系并没有得到清楚的揭示，研究成果还具有一定的局限性。

2.3 文献评述

以上对相关成果的研究表明，第一，尽管已经有一些文献对影响员工薪酬的因素进行了分析，但相关研究大多从所有权性质、行业垄断以及管理层角度进行分析，缺少从资本结构角度分析企业债务水平对于员工薪酬影响的成果。

第二，对于员工行为的研究，目前较多研究从员工离职进行研究，较少从员工生产能力与员工质量展开分析。对于员工离职的研究，存在相关文献从员工工作满意度、员工薪酬以及企业内部薪酬差异角度分析了影响员工离职的因素，但相关研究结论尚没有形成统一。

第三，根据利益相关者理论，员工作为能够影响企业经营活动的一分子，其行为是否能够提高企业价值已经得到了相关研究证实，如有研究显示，员工薪酬和薪酬差距会作用于员工离职从而影响企业绩效，但相关研究主要是基于国外市场的分析，国内的研究成果不多。

所以，本书通过对“资本结构—员工薪酬—员工行为—企业价值”这一脉络关系的相关文献进行梳理和总结，以文献综述的形式为员工和员工薪酬的重要性研究提供理论支持与实证依据。另外，目前的研究没有对这一链式研究进行理论铺陈与实证检验，尤其是结合中国市场环境特征、企业特征及其他因素进行分析。进一步地，以往研究对于利益相关者与企业价值理论两者相关关系的结论尚没有形成，基于此，本书有必要对上述链式研究进行验证，以确定普通员工的重要性，并明确利益相关者理论与股东价值最大化理论之间的相关关系。

2.4　本章小结

本章着重介绍了本书的理论基础并对相关文献进行述评。利益相关者理论作为论文的核心理论支撑着本书的研究目的与研究动机。在过去的一段时间里，股东价值最大化成为企业最终目标，但随着环境与个人之间联系的频繁，相互之间的利益存在相关联系，企业价值最大化受到了越来越多的质疑。在这种情况下，利益相关理论的提出，不再仅仅要求企业效益最大化，而是要求企业社会价值最大化，从而确定了员工的重要性。同时，根据薪酬激励理论，理论分析员工薪酬对于员工行为与企业价值的影响，进一步确定员工的重要性。

另外，本章也介绍了资本结构理论与风险补偿理论，以此研究资本结构与企业员工的重要性，从而确定员工在公司治理的作用，也为资本结构与企业价值的分析提供新的路径与实践，为本书研究假设的提出提供理论基础。

本章对相关文献进行了综述，分别涉及资本结构、员工薪酬、员工行为与企业价值这四个方面的文献综述。本书发现，国外对于上述的研究已经得到了广泛的开展，也取得了一系列的研究成果，但以往研究大都是上述问题的局部研究，没有形成一个统一的脉络整体。另外，以往文献对于利益相关者结论与股东价值最大化两者之间的关系没有论述清楚，甚至较多研究认为两者之间存在矛盾对立。同时，对于资本结构与企业价值相关关系的研究尚没有形成统一结论。所以，有必要对上述问题进行进一步的分析。

第3章　制度背景与现状分析

中国的经济改革自20世纪70年代末起步，已经经历了40多年的快速发展。从1978年实行农村家庭承包制起步，到20世纪80年代逐步解除限制农村劳动力流动的政策，到1992年确定建立社会主义市场经济体制的目标，到2010年成为世界第二大经济体，中国的改革被表征为一个渐进的和增量的过程。经济改革在没有一个总体蓝图的情况下起步，以解决当时存在的紧迫问题和追求直接效果的方式行进，虽具有"摸着石头过河"的特色却取得了举世瞩目的成就。同时，与完全自由主义的市场化模式不同，中国经济改革的一个鲜明特色是从一开始便坚持以国家为主导的基本原则，国家力量的作用渗透在改革过程中群体之间利益关系调整和变化的方方面面。正是在这样一个特定背景下，中国企业改革以及一系列制度设计和执行效果都显现出了相应的中国特色。代表企业融资方式的资本结构与代表初次分配效应的员工工资制度，以及贯穿改革全过程的劳动力市场变革，都在改革开放和转轨经济这一大背景下呈现出独特的过程与特点。

3.1 中国企业资本结构特征与成因

资本结构理论是现代财务的两大主流理论之一。它的理论主体形成于 20 世纪 50 年代，一直延续到 90 年代后期。现代资本结构理论以莫迪利亚尼（Mdoighani）和米勒（Miner）模型（简称 MM 模型）为中心，后又发展了税收差别论、破产成本论、代理成本论、权衡模型、优序融资论、财务契约论和信号论等。

但是，经典公司财务理论都基于严格的假设条件，包括理性经济人假设、有效市场假设和股东价值最大化假设。它没有考虑产品市场竞争环境、非理性行为以及治理结构安排对于企业融资决策的影响，因此难以解释很多现实现象。而随着进入新经济时代后人力资本作用的显著提升，其已经逐渐成为影响企业价值和企业决策的最重要因素。因此，企业在进行资本结构决策时，一方面，要不可避免地要考虑到员工、客户、供应商、竞争对手、政府的法令等各方面，特别是人力资本的因素；另一方面，也面临着股东和管理层的“非理性”行为可能会对资本结构决策的影响。出于对上述新情况的考虑，现代企业资本结构研究出现了学科交叉和融合的特征，衍生出战略财务、行为金融和财务治理结构等理论，重现繁荣局面。

资本结构之于现代公司的重要性，不仅仅体现在资本成本对于公司市场价值的影响方面，更重要的是通过股权和债权的控制权安排影响着公司的治理结构。在现代企业两权分离的背景下，基于信息不对称的存在，代理问题成为阻碍企业价值最大化实现的障碍。由于债务契约在市场环境完备的情况下具有破产威胁和财务约束，可以发挥限制经理人自利行为和减少企业自由现金流的作用，举债和合理的融资结构不仅能够给企业带来节税的好处，还能产生重要的治理效应。

在针对国内上市公司融资行为研究的过程中，已有的成果主要集中于对权衡理论和优序融资理论的检验。大致形成了以下几种竞争性结论：①上市公司具有强烈的股权融资偏好；②上市公司的股权和债务都存在过度融资的倾向；③上市公司资本结构符合权衡理论；④上市公司的融资决策遵循“内部融资—股票—负债”的次序，既不符合权衡理论，也不符合优序融资理论；⑤上市公司的资本结构符合优序融资理论且受宏观经济因素的影响，不存在单一的股权融资或债权融资偏好（苏冬蔚和曾海舰，2013）。

而在资本结构的治理效应方面，多数研究成果显示，在中国现有的制度背景下，债务作为一项治理机制的作用微弱（黄贵海等，2004），甚或反而扩大了公司经理的代理成本（田利辉，2005；程浩，2013）。也有研究者认为，债务契约在公司治理中具有“次优”特征，其对预算软约束条件下的“代理成本”未能较好地发挥监督约束作用，但却较为显著地抑制了大股东掏空的“隧道效应”（田侃等，2010）。

中国上市公司的资本结构特征与治理效应呈现出与经典财务理论不一致的表现，根本的原因在于转型经济特有的阶段性发展特征。渐进式的改革中，问题层出不穷，制度和措施相应滞后，企业经济行为是与金融背景和时代特征相适应的结果。改革开放 40 多年来，企业融资结构从以间接融资为主逐渐发展成为间接融资与直接融资并重，从单一依赖银行融资逐发展成为银行融资、股权融资及债券融资合理匹配、相辅相成的格局。融资体系的布局与发展，一直围绕着四大国有银行变革的主线展开（董登新，2010），企业资本结构也体现出不同的阶段性特征。

中国企业的融资体系经历了三个阶段：1979~1992 年，国家专业银行垄断国有企业贷款；1992~1997 年，国有企业还贷难拖垮国有银行；1997~2010 年，国有企业和国有银行全面改制。这其中贯穿着城市商业银行和股份制银行的发展壮大，股票和债券等直接融资市场从无到有的跨越式发展等一系列改变，融资体系的扩充基本顺应了中国经济多元化的发展的要求。据央行对外公布数据统计，截至 2015 年第四季度，从社会融资规模存量来看，贷款 92.75 万亿元，企业债券 14.63 万亿元，非金融企业境内股票 4.53 万亿[①]。显而易见，中国目前仍是一个以银行为核心的融资格局，直接融资规模占比依然偏低。即便已经改制上市，国有背景的企业与国有银行千丝万缕的联系始终未中断过。而中国股市设立的初衷旨在为困境中的国有企业解决融资难题，集中优势资产千方百计上市和利用一切机会进行股权再融资成为普遍现象。同时，由于企业整体营利能力偏弱，导致内部积累不足，最终形成了中国上市公司先内源融资、再股权融资、再负债融资的融资结构。这种与经典

① 中国人民银行统计数据，中国人民银行官方网站，http：//www.pbc.gov.cn/。

优序融资理论显著不同的融资结构不能不说是企业根据市场背景和自身条件做出的必然选择。

对于负债的规模和治理作用，一方面是营利能力弱的企业达不到股权再融资标准而只能依赖银行借贷导致资产负债率居高不下；另一方面是体制上天然的亲密关系造成债务契约约束不完善而形成的负债治理效应不足。这事实上也是在转型国家的制度安排及其内生决定的债务契约条款共同作用下的显著的非市场化的特征表现。

3.2　薪酬制度改革与收入分配现状

中国政府主导的市场化进程是一个以国家为主体的政治经济改革的过程，其核心目标是经由“市场经济”模式改良旧的经济增长方式和经济发展模式，以提升国家的经济实力和综合竞争能力、改善人民生活水平。改革开放前，中国并不存在真正意义上的“公开的”市场，一切以计划为中心，只存在公有制企业这一单一的组织形式。因此，中国经济体制改革的核心是企业市场化改革，在打破国有企业“一枝独秀”的状态下建立起多种所有制经济并存的新型经济增长模式。同时，在经济改革的过程中，大力推进政治体制改革，加大政府简政放权和中央与地方政府的权力分配归属。

国企改革是经济体制改革的重中之重，是一个自上而下对企业放权让利、激发活力、强调效率优先的过程。这一过程中，薪酬制度的改革是关键。薪酬制度改革通常侧重两个方面：一是将薪酬与业绩匹配；二是拉开差距体现激励效应（黎文靖等，2012）。由于薪酬机制决定着企业和职工的激励问题，而现阶段职工激励中最基本和最重要的薪酬构成是员工工资，因此工资改革与国企改革全程并行。

国企改革从取得经营自主权开始，到企业产权结构调整，再到国有资产管理体制改革推动国有企业改革发展，经历了三个阶段（陆正飞，2012）。工资改革在这一过程中也呈现出阶段性特点。第一阶段（1978~1992 年），将工资与劳动绩效挂钩，建立工资增长与制约机制，允许企业自主提留部分利润用于员工奖励。第二阶段（1993~2002 年），建立市场决定工资机制，企业自主安排工资分配，政府退出成为监督者，负责宏观调控，适度放开工资总量管理。第三阶段（2003 年至今），继续扩大工资与绩效挂钩的制度实施范围，探索工资集体协商制度，尝试将普通员工纳入工资收入分配决策和监督过程。显而易见，国企改革弱化了政府对企业及工资分配的控制权，企业的自主权极大增强，但由于国有控股产权结构并未改变，其工资分配机制也没有实现完全市场化，从而形成了国企工资机制“半市场化”的状态，其特点是工资的市场化定价与管制并存。工资收入受国家监控影响较大的国有、集体经济，公共部门和政府部门，受国家保护性管控的力量更大，这类企业内部职工层级间收入差距较小，且变动缓慢。国有企业员工薪酬的发展历程如表 3-1 所示。

表 3-1　员工薪酬制度发展历程

年份	分配原则	工资制度	激励方式及特点
1978 年前	计划经济时期：中央高度集中管理模式	职务等级和技术等级工资制度	工资与经营业绩无关，与劳动成果和技术等级有关，曾实行计件工资，后因“物质刺激”被批判而取消奖励制度
1978~1992 年	转型经济时期：以工效挂钩为主，国家宏观调控下企业自主分配	先后实行绩效工资、岗位等级工资、浮动工资制等制度	按劳分配，绩效浮动，打破平均，但原有等级工资制并未取消，工资项目出现福利化倾向
1993~2002 年	市场经济推进时期：多种方式并存的多元化分配原则	岗位技能工资，以职位为基础的薪酬制度，工资指导线制度等	“模糊奖金”，薪酬制度与企业战略保持一致，根据劳动力市场价格进行工资管理
2003 年至今	多种方式并存的多元化分配原则	年薪制，绩效工资，股票、股权激励等	加大津贴补贴的管控力度，薪酬差距备受关注，规定最低工资标准

1992 年，中国确立了发展社会主义市场经济的目标，非公经济迅猛发展，展现出强大的活力和竞争力，对国有经济造成了重大冲击。在私有经济部门，劳动者工资水平更多由市场供需决定，工资随着劳动力市场供求状况波动。20 世纪 90 年代以前，劳动力自由流动受到限制，私有部门劳动力需求缺口大。邓小平南方谈话之后，数量庞大的农村剩余劳动力源源不绝的涌入城市，为私有部门提供了充分的低成本劳动力。这一时期随着国有企业减员增效优化组合和政府机构精简编制，千万计的员工从体制内流出，基本上瓦解了国有部门对劳动力的垄断，劳动力市场条件向有利于私有企业主的方向发展，工资定价趋于市场化。从收入变化来看，改革初期到 20 世纪 90 年代之前，初级产品加工的生产模式对技术的要求并不很高，专业技术人员的收益与体力工作者的收益并无太大差异。1992 年之后，私有经济快速发展过程中注重技术领先优势的提升，专业技术人员收入迅速提高。

从不同所有者形式企业的收入比较看，改革开放之初，私有部门的劳动者收入明显占据优势，但随着改革的逐步深入和劳动力市场的不断发展，一方面，国有企业的获利能力增强；另一方面，金融危机后世界经济格局改变，新兴国家经济体以制造加工为主导的私有经济实体受到较大冲击，使私有部门对国有企业的收益优势明显下降。1988~2003 年，私有经济中低端劳动者的报酬明显下降，不同层级间的收入差距显著扩大。而仍然留在国家规制影响较强的国有、集体部门的低端劳动者，则受到较多的保护（刘精明，2006）。2003 年之后，有研究表明，行业垄断与国有企业结合，使收入在企业所有制和企业技术特征上呈现重大差异，收入差距不断加大。

从企业内部收入差距看，2003 年 11 月，国资委发布了《中央企业负责人经营业绩考核暂行办法》，要求将国有企业管理层的薪酬与企业业绩挂钩。该办法，一方面确实发挥了激励的效果，国企高管对利润指标的关注明显提升，企业业绩大幅提升；但另一方面也逐步拉大了国企高管与职工之间的薪酬差距。2007 年，国有商业银行高管过高薪酬的曝光引发了广泛的社会争议。2008 年全球金融危机爆发，对天价薪酬问题的质疑和讨论也从国外延伸到国内，引起社会各界的关注和思考，巨大的薪酬差异也激发了大众的普遍不公平感。为了控制高管过高薪酬，减小企业高管与职工薪酬过大差距带来的不良影响，2009 年 9 月，人力资源和社会保障部联合六部门出台了《关于进一步规范中央企业负责人薪酬管理的指导意见》（以下简称“限薪令”），明确规定国企高管年薪不得超出职工平均工资的 20 倍。员工薪酬规范与保障的发展脉络如表 3-2 所示。

表 3–2　员工薪酬规范与保障文件说明

年份	背景说明	文件名称
1951	规定文件	国务院公布《劳动保护条例中华人民共和国劳动保险条例》
1956	工资改革	国务院通过《关于工资改革的决定》
1981	规定文件	中华人民共和国第五届全国人民代表大会常务委员会第十七次会议批准、国务院公布《国务院关于职工探亲待遇的规定》
1984	制度改革	党的十二届三中全会通过《中共中央关于经济体制改革的决定》
1985	工资改革	国务院公布《国家机关和事业单位工作人员工资制度改革方案》
1988	规定文件	国务院通过《失业保险条例》
1991	薪酬保障	国务院发布《关于企业职工养老保险制度改革的决定》
1993	工资改革	国务院公布《机关工作人员工资制度改革方案》《国家公务员暂行条例》
1993	制度改革	党的十四届三中全会通过《中共中央关于建立社会主义市场经济体制若干问题的决定》
1993	薪酬保障	劳动部颁布了《企业最低工资规定》
1993	薪酬保障	国务院发布《国营企业职工待业保险规定》
1994	薪酬保障	劳动部颁布了《劳动部关于实施最低工资保障制度的通知》
1998	规定文件	国务院于下发了《国务院关于建立城镇职工基本医疗保险制度的决定》
1999	规定文件	国务院颁布《失业保险条例》
2006	股权激励实施	中国证监会《国有控股上市公司（境内）实施股权激励试行办法》
2006	工资改革	国务院公布《国务院关于改革公务员工资制度的通知》
2007	薪酬保障	山东省政府《关于加强企业工资宏观调控健全职工工资正常增长机制的意见》
2009	薪酬管制	人力资源和社会保障部等：《关于进一步规范中央企业负责人薪酬管理的指导意见》
2010	薪酬保障	劳动和社会保障部起草修订《工资条例》
2010	薪酬保障	《人力资源和社会保障部关于开展社会保险标准化工作的指导意见》
2012	规定文件	中国保险监督管理委员会以保监发〔2012〕63 号印发《保险公司薪酬管理规范指引（试行）》
2013	薪酬管制	国务院《关于深化收入分配制度改革重点工作分工的通知》

在员工权益保护方面，当充裕劳动力所带来的市场条件向有利于私有经济业主方向发展的时候，体力劳动者的市场境遇

掌握在雇主手中，市场化过程中对劳动者权益保护的社会与法律制度又在许多情况下存在缺位，或远未达到其应有的效力，因而该部门体力劳动者相对收益的下降、市场境遇的边缘化是必然的事情。然而，在国家规制的劳动力市场上，情形有所不同。当体制外平均收入水平出现较大幅度增长的时候，政府可以通过财政预算的方式增加内部成员的工资，以求整体劳动力市场中的收入均衡。受国家或地方政府财政预算约束的工资体系，使工资差异容易受到调控，且弹性变化较为固定。另外，过去平均主义的分配模式作为以往国家规制的延续，仍然会因为“只升不降”“只做加法不做减法”或者说“老人老办法，新人新办法”的工资调整策略，对体制内体力劳动者的工资收益起到一定的保护作用（刘精明，2006）。因此，总体而言，在员工权益保护方面，国有企业要强于非国有企业。

在员工工资决定机制上，中国在2000年出台了《工资集体协商试行办法》，但由于员工地位和受重视的程度偏低，参与决策的意识和力量微弱，加之信息不对称的存在，企业职工在与企业的工资协商过程中处于弱势，工会在工资决策中作用基本没有显现，不能发挥类似于西方企业工会的工资决定作用。为缓解贫富差距两极分化引发的社会矛盾，切实保障劳动者权益，2008年《中华人民共和国劳动合同法》正式颁布并开始执行。从法律的内容设定和实施效果来看，企业一旦出现劳动纠纷，工会可以出面为员工争取合法权益（陈冬华，2011）。由此可见，工会在保护员工权益方面的力量有所增强。

市场的本质是竞争而不是保护，更强调的是效率而不是公平，因此市场化过程可能会带来许多重要的社会不平等结果，就需要根据国家利益来做出规划和调整。在收入分配政策方面，党的十三大报告提出“分配政策，既要有利于善于经营的企业和诚实劳动的人先富起来，合理搞好收入差距，又要防止贫富悬殊，坚持共同富裕的方向，在促进效率提高的前提下体现社会公平”；党的十四大报告强调“在分配制度上，以按劳分配为主体其他分配方式为补充，兼顾效率与公平”；党的十四届三中全会通过的《关于建立社会主义市场经济体制若干问题的决定》进一步明确指出“个人收入分配要坚持以按劳分配为主体、多种分配方式并存的制度，体现效率优先、兼顾公平的原则”；党的十五大提出“坚持效率优先、兼顾公平，有利于优化资源配置，促进经济发展，保持社会稳定”；党的十六大进一步明确了效率与公平的关系——“初次分配注重效率，发挥市场的作用，鼓励一部分人通过诚实劳动、合法经营先富起来。再分配注重公平，加强政府对收入分配的调节职能，调节差距过大的收入”；党的十七大报告强调“初次分配和再分配都要处理好公平与效率的关系，再分配要更加注重公平”。可见，随着经济改革的不断深入，以国家为主导的收入分配政策更加关注到市场化带来的社会不平等现象，对于效率与公平的认识经历了一个逐步深化的过程。2008 年颁布的《中华人民共和国劳动合同法》可以看成是降低社会不平等、保护弱势阶层利益的政府意志的体现。

3.3 员工离职现状与原因分析

员工离职是“一个从企业领取货币性报酬的人中断作为企业成员关系的过程”（Mobley，1982）。按员工离职的意愿划分，离职包括自愿离职和非自愿离职（Abraham and Steve，2000），非自愿离职多出于企业出于节省成本、缩减规模或重组的考虑，或因雇员个人表现（如业绩较差）而被解雇或被迫辞职，而自愿离职则主要是由于员工个人原因选择主动离开岗位（李向民等，2007）。

人员的合理流动是企业运转过程中的正常现象，适当的离职率是员工和企业保持活力的体现，对企业的发展是有益的，但过高的离职率会影响企业的发展。根据相关调研结果，2015年中国员工平均离职率17.7%，为金融危机以来仅次于2011年（18.9%）的高度。其中，制造业、传统服务业、消费品行业的员工离职率依然处于前三位，分别为20.9%、19.8%和19.6%。操作人员的离职率仍然是所有职位等级中最高的，达到25.3%。高科技、金融等行业员工离职率上升，分别为19.1%和18.1%[①]。

从员工离职的原因看，主要源于三方面：第一，经济增长放缓，企业经营困难。近几年经济环境持续不明朗，经济增速

① 前程无忧发布的《2015离职与调薪调研报告》。

减缓，部分行业面临结构调整，企业在转型过程中遭遇困难，营利能力及支付能力下降，与员工薪酬期望增加值形成落差，带动离职率升高。第二，劳动力供给状态的改变。中国目前已经进入到低出生、低死亡和低自然增长的人口再生产类型阶段，劳动年龄人口增长速度逐年下降。这种人口结构的长期变化将在总量上不能满足经济增长对劳动力的需求，即所谓的人口红利丧失。劳动力供给状态的改变使劳动力提供者拥有更多的职业选择机会，从而带来离职率的改变。第三，员工求职意愿改变，权益保护意识增强。虽然“薪酬福利”与“职业成长空间”，依然是影响员工主动离职的主要原因，但“工作与生活不平衡”成为职场新员工离职的又一主要原因。随着以“85”后、“90”后为代表的新生代员工大量进入职场，他们更加注重个人体验和人生目标实现，注重工作环境和生活质量的提升，权益保护意识增强。这类人群个性鲜明，诉求明确，不愿将就，说走就走，带来了较大的工作不稳定性。

经济学家刘易斯（Lewis，1954）提出，当劳动力从无限供给转变成短缺的状态，即是二元经济结构转换的节点，也被称为“刘易斯拐点”。二元结构转换的关键是传统人口红利的消失，以及增长方式的转变，大多数发展中国家都要经历这样一个发展的过程。在这个转折点上或者区间里，已经或者预期会发生的一个现象，就是劳动力在城乡的普遍短缺，进而导致普通劳动者工资的上涨从而劳动力成本的提高。2004 年开始出现的以“民工荒”为表现形式的劳动力短缺现象，已经从沿海地区蔓延到中部地区甚至劳动力输出省份。作为劳动力短缺的一个必然后果，20 世纪 90 年代末以来，城市正规劳动力市场每年都经历着两位数的工资上涨，不仅发生在垄断行业，也发生在那些主要吸收普通劳动者就业的制造业等行业。

人力资本已经成为企业中的关键性资源。留住员工，吸引优秀员工，建立企业与员工的稳定关系已经成为企业的战略性目标，对企业发展至关重要。对中国的劳动密集型企业来说，一方面，企业业绩的提升通过员工工作效率实现，员工生产力决定企业的产出数量和质量；另一方面，在“用工荒”已经出现并有可能持续发挥影响的背景下，员工队伍的稳定性将对企业的运营状态产生相当大的影响，员工的离职率越低，企业应对劳动力短缺和控制劳动力转换成本的能力就越强。对高科技企业来说，人力资本已逐步取代物质资本成为企业价值的决定性因素。因而注重发挥人才的作用，提升人力资本素质，加快技术进步，使企业价值构成和业绩增长更多地来自人力资本的贡献已上升至企业战略的高度。同时，完善人才激励机制，培养稳定互信的雇佣关系，减少劳动力转换成本，才能维护企业的经济利益边界，促进企业绩效的提高。

3.4　员工生产力与知识结构

员工生产力就是员工进行生产的能力，目前国际上最常见的生产力衡量标准为产出投入比，即生产力=产出/投入。员工生产力的指标代表了企业单位人力资源投入的产出效率，是企业实现利润、创造价值的基础。员工生产力受人力资本特征包括员工的知识、技能、经验的影响，也与工作满意度密切相关。但目前，中国企业员工的整体生产力和岗位中学习提升能力现状还不十分令人满意。

第一，生产力水平较低。中国拥有世界上最大的职工群体，据不完全统计，2010 年中国雇员人数达到 3.8 亿，其中城镇职工数量 1.27 亿，另外 2.53 亿“其他雇员”基本来自农民工群体（张车伟，2012），而且随着工业化、城镇化进程的发展，这一队伍还会进一步发展壮大。但持续增长的员工队伍与经济转型产业升级过程中对高质量人才的需求还有很大的差距。以制造业为例，有资料显示，制造业从业人员中初中以下文化程度的人数占比为 2/3，高中文化程度人数占比为 20%，大专以上文化程度的人不到 10%，学历结构普遍低下。而以劳动生产率看，虽然改革开放后，我国工人的平均劳动生产率大幅提高，但与美国等发达国家相比依然很低，不及其同项指标的 1/3。且劳动生产率增加值率仅为美国的 4.38%，技术对外依赖程度高达 50%。从技术人员占比来看，高技能人才约占技术工人总量的 3.5%，中级技能占比为 35%，而在西方发达国家，高、中、初级技术工人的这一数字比为 3∶5∶2（张蕾，2012）。在广州市企业调查队在对市内 80 家企业的一次调查中发现，只有 19.5%的技术工人能完全胜任引进高新技术情况下的新工作。可见，我国企业员工的整体素质水平和生产能力还处于普遍较落后的状态。

第二，员工培训开展不到位。事实上，优质企业的表现不仅体现在企业的员工生产率上，也体现在企业的产品质量和经济效益上，更体现在员工文化、技术素质和创新能力上，这也正是企业的优质竞争力和持续发展能力得以延续的根本保证。因此，工人是不容忽视的企业技术创新的主体，高素质的员工群体会提高企业的产品质量和技术含量，促进企业的健康发展。漠视产业工人这一创新主体，会延缓企业的技术升级与竞争能力的提高，是对社会创新资源的一种巨大浪费。据中国企业人力资源管理发展报告课题组发表的一项关于中国企业员工培训现状调查（2007）显示，有69%的中国企业都制订了员工培训计划，但在员工培训经费的投入上普遍较低，培训经费占企业销售收入3‰以上的企业仅占8.7%，且严格执行培训计划的企业只有42.1%。虽然上市公司、国有企业、大规模企业在制订和执行培训计划方面都优于其他企业，但培训内容和培训效果还有待改进和提高。普遍来看，中国企业在培训意识和投入上存在显著不足，没有引起企业足够重视。

第三，员工发展诉求明显提升。从中国社会科学院2002年发表的《中国私营企业发展报告》来看，中国民营企业员工平均年龄为28.2岁，年龄在34岁以下的比重最大，约占调查总人数的80.5%，其中29岁以下的占据63.9%。显而易见，年轻劳动力已经成为私营企业的主要生力军，中国企业员工已全面进入80后时代。在时间又向后推进10年之后，这一比例已经上升至80%左右。这一年轻群体相对于他们父辈来说，文化程度提升，维权意识增强，学习能力强，对个人发展的个性化追求也更强，但稳定性差，对企业价值认同感低，情绪化工作状态也很严重。企业必须了解这一时代特征人群的诉求，针对这一群体的特点制定和调整人力资源管理政策。

随着社会的进步和企业的发展，员工对自身利益实现的期望度日益提高。青年职业群体更是把未来职业发展空间看得与薪酬同等重要。有调查显示，企业员工尤其是私营企业员工在关注收入实现、社会保障、工作条件等方面利益的同时，日益重视企业文化建设、个人精神需求和未来职业发展等更高层次利益诉求的表达。在收入方面，他们关心薪酬标准和发放公平，在个人发展方面，他们注重教育培训、个人提高和价值实现。企业应当注重调动高素质员工的积极性，满足其成就需要，注重外在薪酬与内在成长机会的共同激励。

生产力，并不是一个专业词汇，除了代表员工作为生产要素的产出水平，也凝结着生命个体智力和体力投入，蕴含着工作热情和人文关怀。生产力在很大程度上都是由员工创造的。如果企业层面的制度安排和行事方式让员工感觉受到压制或有违公平，他们或者脱离集体、或者减少在工作上的投入，企业生产力就会显著降低，这样的企业环境也很难吸引优秀人才的流入。可见，知识、能力与态度具有交互作用，个体行为会受到心态的影响，高水平的知识、技能和能力往往与较高水平的个人积极性联系在一起。企业人力资源管理应注意这一规律，通过运用高效的人力资源管理政策和实践帮助员工提升素质，提高协作能力，培养积极主动性，才能有助于员工绩效提升，最终实现组织的竞争优势。

3.5 本章小结

本章系统地梳理了资本结构理论的变迁，中国企业融资体系的变迁及对企业资本结构形成的影响，并详细地介绍了员工工资、员工离职、员工生产力和知识构成现状。这些有利于本书的研究目的与研究意义的提出，另外也有利于本书了解员工薪酬和员工行为的影响因素。

第一，本章从资本结构理论发展入手，介绍了中国企业融资体系和资本结构现状，揭示了金融市场发展状况是企业选择融资方式主要决定因素。单一靠银行借贷形成的高负债结构预示着高风险。这为论文的研究主题的确定提供了视角。

第二，本章介绍了员工薪酬改革的制度背景和收入分配现状，指出了转轨经济背景下员工面临着市场定价和薪酬管制并存的局面。薪酬差异呈现出企业所有制性质和行业的异质性特征，过大的薪酬差距已经成为影响社会稳定的隐患。这为本书的实证研究提供了方向。

第三，本章介绍了员工离职的现状，对员工的重要性进行明确。虽然 2008 年以后，员工权益保护得到加强，但主要体现在最低工资标准提高和解雇成本增加上。而与薪酬的业绩敏感性相适应，薪酬的风险补偿性也应增强并予以制度化。

第四，本章介绍了员工生产力和知识结构现状，提出员工个人发展诉求与企业提供的机会出现不十分匹配的情况，企业人力资源管理的政策设计和执行存在不足。知识、能力与态度具有交互作用，个体积极性会影响个体行为，企业应注意这一规律，注重员工薪酬保障和内部发展机会的提供，做好人力资源投资。

第4章　资本结构与员工薪酬相关关系实证研究

本章结合中国市场特征与企业特征提出相应的假设，利用中国上市公司数据，构建相应的回归模型，采用多种方法衡量企业员工薪酬，在尽量控制内生性的情况下，实证检验企业资本结构与员工薪酬的关系，并进一步检验不同企业所有权性质、企业技术特征对于上述关系的影响。

4.1　理论拓展与假设提出

本章将对影响员工薪酬因素的主要结论进行精练，通过资本结构与员工薪酬之间关系的理论推导，提出相应的研究假设。本章研究的内容可以概括为，资本结构与员工薪酬的相关关系，资本结构与员工薪酬的相关关系是否受到企业所有权性质、企业技术特征以及企业财务状况的影响。以下理论扩展与假设提出基于上述研究内容进行展开。

4.1.1 资本结构与员工薪酬

虽然已有文献对劳动市场和资本结构之间的相互作用进行了关注（Bronars and Deere，1991；Perotti and Spier，1993；Dasgupta and Sengupta，1993；Hanka，1998；Chen et al.，2009a，2009b；Matsa，2010；Berk，Stanton and Zechner，2010），但对于债务政策如何影响员工薪酬的结论尚没有形成共识（Hovakimian and Li，2011）。通常在理论分析中，员工的作用经常被公司的管理层所掩盖（Cadenillas et al.，2004；Berk et al.，2010），一些实证研究也着重探讨了资本结构决定于高管之间的关系，现有文献认为，企业高管对于企业资本结构的选择有着显著影响。然而，一些研究者认为，一个企业的非财务利益相关者能够显著影响企业的资本结构战略（Titman，1984；Titman and Wessels，1988）。然而，作为利益相关者中最重要的一个角色的员工在资本结构决定中的作用受到较小的关注（Bae et al.，2011）。

资本结构影响员工薪酬的理论主要如下：

4.1.1.1 委托代理理论：股东与管理层之间的冲突

Jensen 和 Meckling（1976）认为，所有权与控制权的分离导致企业外部股东与管理层之间存在一定的冲突。满足自我利益实现的管理者趋向于保留更多的现金流或者过度投资（Grossman and Hart，1982；Jensen and Meckling，1976；Jensen，1986）。考虑到股东与管理者之间的代理问题如何影响员工薪酬，Cronqvist 等（2009）发现，有私利行为的管理层会给予员工较高的薪酬来改善管理层与员工之间关系，以此减小管理层与员工之间的谈判努力。债务能够作为一个有效的监管机制来减小管理层与股东之间的代理问题，结果导致债务水平与员工薪酬负相关关系，并且这种负相关关系在代理冲突严重的企业中更显著。

4.1.1.2 风险转移假说

债务水平与员工薪酬之间的负相关关系也可能产生于股东、管理层与员工之间的利益冲突。Acharya 等（2008）指出，为了更好地理解代理问题的根源，从不同的视野、机会和利益把企业作为一个由不同代理人组成的公司是相当重要的，而不是把企业作为一个属性的独立个体。为了避免个人的破产成本，股东和高层管理者有很强的动机采取先发制人的相关行动以避免此危机的出现，如裁员或削减工资。按照这种观点，Sharpe（1994）认为，制造业中劳动力的周期性在高负债的企业中更加明显。Ofek（1993）、Brown 等（1992）、Calomiris 等（1994）认为，高债务的企业受到外在不良冲击时，往往会消减员工数量。Hanka（1998）认为，由于债务引起的风险会被转移到员工层面。所以，在企业存在更高的债务所带来的风险会降低员工的福利。

4.1.1.3 员工借款假说

Michelacci 和 Quadrini（2005）认为，存在财务约束的公司可能会借用员工目前的低薪酬，并承诺未来给予高薪酬进行回报。按照这个观点，Core 和 Guay（2001）认为，在财务约束的公司中，企业向员工提供股票期权来向员工借款的证据更为常见。Michelacci 和 Quadrini（2005）认为，股票期权计划能够很好地延迟他们对员工薪酬的支付，从而有效地向员工进行筹资，这不仅仅是对员工进行激励。所以，如果企业债务水平越高，向员工借款的动机越强，员工薪酬越小。

4.1.1.4 债务悬置与投资不足假说

债券悬置容易造成还款额空缺，即还债额高于现有资产的价值，也就是公司投资于新项目赚的钱会先被债权人得到，所以股东没有投资于这些项目的激励。Myers（1977）认为，较高债务悬置的企业有很强的动机去终止他们有价值的投资，尽管这些投资有利于提高企业的市场价值。这种投资不足更严重的问题在高增长的公司更容易出现，这也暗示着杠杆率与企业成长性是负向关系。所以，一个企业如果对人力资本进行投资，那么对于企业未来的绩效有显著的促进作用，但在债务悬置下，高杠杆的企业对于人力资本的投资将是不足的，这将使企业杠杆水平越高，员工薪酬越低。

4.1.1.5 风险补偿理论

资产在不损失其生产价值的前提下，用于不同领域或者不同使用者利用的程度，被称为资产的专用性。当一项资产投入运用后，很难在不损失该项资产价值的前提下转向其他用途。因此，在交易中资产的所有者很有可能受到交易另一方的威胁，从而被动地做了风险承担者。为了弥补自己的损失，资产所有者要求对风险做出补偿。由于人力资本具有不可分离性、专用性和团队性，这三个特性决定了人力资本所有者无法逃避企业的风险，是企业风险最终的承担者，其理应在承受风险时受到补偿。随着杠杆率的提高，企业的财务风险增加，员工也面临着人力资本风险的提升。由 Berk、Stanton 和 Zechner（2010）推导的最优补偿合同预示员工将通过接受低工资来为劳工合同确定的保险埋单。在其他条件不变的情况下，高杠杆率与高薪酬相关。他们同时主张薪酬对于企业杠杆比率具有解释力。基于这一观察，Cheng 和 Zhang（2008）发现了薪酬和杠杆率之间的正向关系的经验数据。

第一，对于国内的研究主要是从所有权性质、行业垄断与高管层面对员工薪酬的影响进行分析，如王志强等（2011）以上市公司 2004~2007 年数据研究发现，中国上市公司管理者存在针对资本结构的管理层防御现象，国有企业更为严重。而关于资本结构与员工薪酬的研究还处于空白。同时，对于委托代理理论中的债务功能，已有文献对债务的治理机制的结论提出了质疑（Bolton and Dewatripont，2005）。

第二，随着新《劳动法》的颁布，企业对于员工权益要提供保护，所以削减员工的做法在中国并不适用。

第三，对于员工期权的激励计划在较多的企业中并没有得到广泛的开展。

第四，中国企业高管会投资于对自身有利的投资，所以债务悬置的压力较小，不会存在投资不足。

基于上述分析，随着利益相关者理论的提出，加之劳动保护的加强，员工对于自身权益的保护意识不断提高，谈判能力也逐渐提高，我国目前状况更符合风险补偿理论的预期。基于此，本章提出第一个研究假设：

假设 4-1：企业的债务水平与员工薪酬呈正相关关系。

4.1.2 资本结构与员工薪酬：基于不同企业所有权性质的影响

首先，由于历史、体制等原因，中国上市公司中，国有企业和非国有企业存在迥异的薪酬决定机制。国有企业由于国有资产管理体制和政府的行政干预而存在着薪酬管制等现象，员工的薪酬安排离市场定价还有一定距离，不能很好地与企业的业绩及风险相关联。而非国有企业由于产权关系和雇佣关系的明晰化，体制上的约束相对较少，薪酬决定机制相对更加市场化，员工薪酬更多地体现的是资方与劳方博弈的结果，较好地体现了企业的业绩和风险水平。

其次，由于与政府之间存在的天然的密切联系，使国有企业“预算软约束”这一现象广泛的存在。预算软约束会降低国有企业的债务约束性，致使企业的财务风险与企业的杠杆率不完全匹配，即便有些债务到期不能偿还，企业一般也不会破产清算（盛明泉，2012）。因此，在相同的杠杆率水平下，国有企业的破产风险要低于非国有企业。基于以上分析，本章提出第二个假设：

假设 4-2：相对于国有企业，非国有企业杠杆率对员工薪酬的作用更强。

4.1.3 资本结构与员工薪酬：基于企业技术异质性的影响

Titman（1984）提出，产出独特和专业产品的企业的顾客、员工、供应商很可能在发生清算时承担高成本。特别地，在一个员工具备公司特有人力资本的背景下，破产这一事实能够给员工强加重大损失。Berk、Stanton、Zechner 等（2010）提出了“职业防御”的概念。员工对于人力资本风险的保证程度与他们的职业相关，员工的保证能力越低，防御程度越高。Anderson 等（2000）提供证据表明非技术企业员工比技术型企业员工更具防御性，因为在企业破产风险较大时非技术企业更有可能削减员工的工资。Thomas J. Chemmanur 等（2012）、Yingmei Cheng、Tianming Zhang（2013）经验证明了非技术型企业杠杆率对于人工成本的影响要强于技术型企业。

然而，职业防御在中国可能有不同的解释。一方面，受传统文化和教育水平的影响，中国企业重视集体主义，强调奉献，员工在薪酬决定中处于从属地位，同时由于高权力距离的存在，员工为工资谈判和反抗的意识较弱（王永乐等，2010）；另一方面，职工董事、监事会和工会组织也未发挥作用，员工在工资谈判中处于弱势地位（方军雄，2011）。相较于技术型企业，非技术型企业员工由于不具备企业所需的核心专业技术优势，在个人利益保护方面会更加处于弱势地位。基于上述分析，本章提出第三个假设：

假设 4-3：相对于非技术型企业，技术型企业杠杆率对员工薪酬的作用更强。

4.1.4　资本结构与员工薪酬：基于企业财务困境的影响

资本结构与员工薪酬的关系，主要依据员工与企业之间的议价能力所决定。有研究表明，当企业处于财务困境时，企业的谈判能力增强，以致员工会被迫作出让步接受薪酬的削减或降低工资增长率以确保完全的债务偿还。而当企业处于相对安全的境地时，员工有较充分的理由和能力向企业要求风险匹配薪酬。上述结果表明，相对于财务困境企业，在非财务困境的企业中，员工的谈判能力越强，随着杠杆率的提升，其薪酬也得到一定的补偿，而一旦企业陷入财务困境，薪酬与风险的增长不匹配，员工的利益会在此时得到牺牲。基于上述分析，本章提出第四个假设：

假设 4-4：相对于财务困境企业，在非财务困境的企业中，资本结构与员工薪酬的关系更显著。

4.2 数据来源与样本选择

4.2.1 数据来源

本书的数据主要来源于 Wind、CSMAR、CCER 数据库，数据区间为 2007~2016 年。样本选择的具体过程如下：首先，从 Wind 数据下载企业财务数据，其中包括企业总负债、总资产、企业净资产收益率、有形资产、员工人数以及销售收入；其次，从 CSMAR 数据库下载企业员工薪酬和公司治理情况变量，其中包括董事长是否两职兼任；最后，从 CCER 数据下载员工人数数据，具体数据如表 4-1 所示。

表 4-1　数据来源

数据类型	数据来源
财务指标	CSMAR 与 Wind 数据库
员工人数	CCER 数据库
企业公司治理数据	CSMAR 数据库
企业所有权性质	Wind 数据库
行业信息	Wind 数据库
上市时间	Wind 数据库

4.2.2　样本选择

本书需要获得员工薪酬总额和员工人数总额数据，并据以计算员工平均薪酬。其中，员工薪酬总额来自于企业年度现金流量表数据，在扣除高层管理者薪酬与普通职工人数相比后得出员工平均薪酬。通过对上述三个数据库的合并，并剔除 ST 公司样本，金融行业公司以及数据存在缺失的样本，最终本书的研究样本总数为 11398 个，并对相应的连续变量进行 1%缩尾处理。

4.3　变量定义

本书主要的被解释变量为员工薪酬（SALARY），据 Williams（2009）与 Fox（2009）以及陆正飞等（2012）的研究，本书使用（支付给职工以及为职工支付的现金–高管薪酬）/（员工人数–高管人数）的对数作为被解释变量。然而，对于这个薪酬度量也存在一定的局限性，员工薪酬还包括员工持股、员工福利费，在某些行业，员工薪酬持股占据重要地位，这可能本书定义的员工薪酬存在一定的偏差。但事实上，2012 年证监会才发布《上市公司员工持股计划管理暂行办法》，明确了上市公司员工持股的披露方法。也就是说，2012 年后，才有正式的员工持股可能。事实上，员工持股从 2014 年才大规模开始实现。

重要的解释变量如下：

企业杠杆水平（LEV），本书选择负债总和与总资产的比值。

行业员工平均薪酬（MSALARY），对员工薪酬进行行业平均，即按照行业代码对员工薪酬进行平均。一般情况下，如果企业所属行业平均薪酬越高，则企业员工薪酬也越高。

企业规模（SIZE），本书选择企业总资产（百万元）的对数作为企业规模。如果企业规模越大，则员工的薪酬越高，这是因为大规模企业能提供更多的岗位分工和培训，员工能获得更多的技能（Brown and Medoff，1989）。

员工生产力（PRO），本书使用总收入与员工人数的比值来代替。本书预测员工生产力与员工薪酬之间的关系为正相关关系。

企业营利能力（ROA），企业总资产利润率，一般情况下，企业盈利能力越好，员工薪酬越高。

资本密集度（TANG），本书使用有形资产占总资产的比值来代替。根据 Berk 等（2010）的研究，企业有形资产比例越高，债务违约的概率越低，那么员工薪酬越低。而曾庆生（2006）认为，高资本密集度行业倾向支付高工资。

两职合一，虚拟变量（DOU），如果董事长与总经理两职兼任，则 DOU=1，其他，DOU=0。该变量通常代表管理层权力，一般认为，管理层权力越大，越容易侵占员工薪酬。

市场集中度，赫芬达尔指数（HHI）。根据 Michaelides（2010）的研究发现，市场集中度高的企业，其员工薪酬较低。罗楚亮（2007）从人力资本、行业特征和收入差距视角，发现行业垄断在工资决定中具有重要影响，垄断行业工资要高于竞争性行业。

行业控制变量（Industry），本书选择证监会行业分类，取行业分类的首字母，制造业则选择字母后两位数字。

年份控制变量（Year）选择 2007~2016 年中 9 个虚拟变量。

省份控制变量（Province）按照中国行政划分进行省市划分。

本章所有使用到的变量定义如表 4-2 所示。

表 4-2　变量定义

SALARY	员工薪酬	（支付给职工以及职工支付的现金-高管薪酬）/（员工人数-高管人数）的对数
LEV	企业杠杆水平	企业年末负债总和与年末总资产的比值
MSALARY	行业员工平均薪酬	对每一个行业内所有员工的薪酬求平均
SIZE	企业规模	企业年末总资产（百万元）的对数
PRO	员工生产力	年末企业总收入与员工人数的比值对数值
ROA	企业盈利能力	企业当年利润与年末总资产的比值
TANG	资本密集度	企业年末有形资产占总资产的比值
DOU	两职合一	如果董事长与总经理两职兼任，则 DOU=1，其他，DOU=0
HHI	市场集中度	赫芬达尔指数
Year	年度变量	本章的样本区间为 2007~2016 年，存在 9 个年度虚拟变量
Industry	行业变量	以 2001 年证监会行业分类明细，制造业取代码首字母后两位数字，其他行业取首字母
Province	省份控制变量	按照中国行政划分进行省市划分

4.4 计量模型

为了检验本章提出的三个研究假设，本章构建如下模型进行分析。一是基于全部样本，着重检验资本结构与员工薪酬的关系；二是按照企业所有权性质把全样本分组，分析在不同所有权性质下，资本结构对员工薪酬的影响差异；三是按照行业性质把全样本分组，比较在不同企业技术特征中，资本结构对于员工薪酬的影响差异；四是按照财务困境 Z 指数把样本进行分组，比较企业在不同财务状况下，资本结构对于员工薪酬影响差异。

相关基本模型如下：

$$SALARY_{it}=\alpha+\beta_1 LEV_{it}+\beta_2 SIZE_{it}+\beta_3 ROA_{it}+\beta_4 TANG_{it}+\beta_5 PRO_{it}+\beta_6 HHI_{it}+\beta_7 DOU_{it}+\beta_8 MSALARY_{it-1}+Ind+Year+Pro+\varepsilon_{it} \qquad (4-1)$$

4.4.1 因变量

模型（4-1）的因变量为 SALARY，即员工平均薪酬，定义为使用员工平均薪酬的对数。

4.4.2 测试变量

LEV，为企业的资本结构，即企业的杠杆率水平。如果这个变量的系数显著大于 0。也就是说，式（4-1）中的 β_1 如果显著大于 0，说明企业杠杆率越高，员工预计企业未来的破产风险越大，所以要求的风险补偿更大，从而导致薪酬越大。即假设 4–1。

4.4.3　分组变量

本章将采用三个变量进行分组：一是企业所有权性质变量；二是企业技术特征，按照《国家重点支持的高新技术领域》把行业划分为高新技术行业与非高新技术行业；三是困境与非困境企业。对于企业所有权性质变量，当企业是国有企业时，设 SOE=1，其他情况下，SOE=0。对于行业属性变量，当企业为高新技术企业，变量 HIGH=1，当企业为非高新技术企业，变量 HIGH=0。对于财务困境变量的构建，主要依据 Altman（1968）的方法，从 Wind 数据库中下载相应的 Z 值，Z 值的计算公式为：Z=0.012 × 营运资金 × 100/总资产+0.014 × 留存收益 × 100/总资产+0.033 × 息税前利润 × 100/总资产+0.006 × 股票总市值 × 100/负债账面价值+0.999 × 销售收入 × 100/总资产。随后按照中位数把样本分为两组，非财务困境组与财务困境组，随后进行相应的检验。

4.5　实证分析

以下将进行本章的实证分析，主要包括样本的描述性统计分析、多元回归分析以及相应的稳健性检验。

4.5.1 描述性统计分析

表 4-3 中 Panel A 部分为本书变量的描述性统计分析结果。对于中国上市公司来说，员工的平均薪酬为 11.2（73130.442 元），相应员工的最低与最高薪酬分别为 13.5（729416.37 元）与 9.7（16317.607 元），相差 44 倍，差距很悬殊，这可能是由于行业与时间趋势的原因所造成的。另外，上市公司的平均杠杆率为 0.446，其最大值为 1.16，则说明，整体上，上市公司

表 4-3 变量描述性统计分析

Panel A：全样本回归结果

变量	样本量	均值	中位数	标准差	极大值	极小值
SALARY	21048	11.2	11.2	0.633	13.5	9.7
LEV	21048	0.446	0.439	0.225	1.16	0.046
MSALARY	21048	11.3	11.3	0.315	12	10.5
PRO	21048	13.6	13.5	0.94	16.6	11.5
SIZE	21048	21.8	21.7	1.28	25.7	19
ROA（%）	21048	6.51	5.85	6.78	31.1	-18.2
TANG	21048	0.951	0.966	0.0541	1	0.67
DOU	21048	0.242	0	0.428	1	0
HHI	21048	0.208	0.129	0.219	1	0.0189

Panel B：不同股权所有所有制

组别	样本量	均值	Ttest
非国有	12690	11.147	-26.491***
国有	8358	11.379	

Panel C：不同高新技术组

组别	样本量	均值	Ttest
非高新	9177	11.219	-3.962***
高新	11871	11.254	

负债率适中，但存在相当一部分公司超额负债经营。对于其他控制变量，样本企业的平均规模（SIZE）为2.9亿元，员工的生产能力（PRO）为13.6，企业的平均总资产利润率（ROA）为0.06，企业有形资产率（TANG）的平均值为0.951，企业的两职合一（DOU）的均值为0.242，行业的垄断程度（HHI）的均值为0.208。Panel B与Panel C部分分别给出了不同股权性质与企业技术特征下，员工薪酬的差异。从表中我们可以得到，国有企业的员工薪酬大于非国有企业的员工薪酬，高新技术企业的员工薪酬高于非高新技术企业。

4.5.2 单变量分析

表4-4给出了主要变量的相关性系数，从中我们可以看到，SALARY与LEV的相关系数为0.029，且该系数在1%上显著，说明企业杠杆率越高，员工平均薪酬越大，初步证实了假设4-1的正确性。另外，对于其他控制变量，企业绩效越高，

表4-4 主要变量的相关性系数分析

	SALARY	LEV	MSALARY	PRO	SIZE	ROA	TANG	DOU	HHI
SALARY	1								
LEV	0.029[a]	1							
MSALARY	0.483[a]	0.061[a]	1						
PRO	0.601[a]	0.242[a]	0.236[a]	1					
SIZE	0.304[a]	0.379[a]	0.283[a]	0.417[a]	1				
ROA	0.031[a]	-0.292[a]	-0.076[a]	0.092[a]	-0.003	1			
TANG	0.109[a]	-0.029[a]	0.025[a]	0.171[a]	0.058[a]	0.044[a]	1		
DOU	-0.052[a]	-0.162[a]	0.009	-0.091[a]	-0.173[a]	0.061[a]	0.03[a]	1	
HHI	-0.042[a]	0.003	-0.053[a]	-0.040[a]	-0.015[b]	-0.002	-0.050[a]	-0.01[a]	1

注：a、b分别代表系数在1%与5%水平上显著。

规模越大，员工生产能力越强，员工平均薪酬越高。最后，从其他控制变量之间的系数与显著性看，变量之间的共线性不严重。

4.5.3 多元回归分析

本节进一步通过构建多元回归模型来检验本章的主要结论。首先，利用主回归模型检验资本结构与员工薪酬之间的关系；其次，检验在不同的企业所有权性质与不同企业技术特征下，资本结构与员工薪酬之间的关系是否存在差异。

表 4-5 为模型（4-1）的回归结果。具体地，第一列是单独检验企业杠杆率与员工薪酬之间的关系，第二列在第一列基础上加入了一些控制变量检验企业杠杆率与员工薪酬之间的关系，第三列在第二列基础上继续控制年份、行业以及省份固定效应检验企业杠杆率与员工薪酬之间的关系。在三列的回归结果中，企业杠杆率变量的系数都在 10%水平上为正，则说明企业杠杆率水平越高，员工薪酬越高，支持假设 4-1。其他控制变量的系数也体现了高度的一致性。具体地，行业平均薪酬越高，员工生产力越高，企业规模越大，企业盈利状况越好，员工的薪酬越高，而董事长两职兼任，员工薪酬越低。

表 4-5 资本结构与员工薪酬关系检验回归结果

变量	(1)	(2)	(3)
	SALARY	SALARY	SALARY
Constant	11.203***	-1.887***	-0.427
	(601.86)	(-6.95)	(-0.55)
LEV	0.083*	0.418***	0.229***
	(1.88)	(11.37)	(6.41)

续表

变量	(1)	(2)	(3)
	SALARY	SALARY	SALARY
MSALARY		0.711***	0.561***
		(31.37)	(7.91)
PRO		0.365***	0.384***
		(31.92)	(32.30)
SIZE		0.015**	0.002
		(2.08)	(0.26)
ROA		0.003***	0.002**
		(3.55)	(2.57)
TANG		0.032	0.034
		(0.23)	(0.26)
DOU		–0.034**	–0.053***
		(–2.44)	(–4.01)
HHI		–0.003	–0.042
		(–0.09)	(–1.15)
年份	NO	NO	YES
行业	NO	NO	YES
省份	NO	NO	YES
样本量	21048	21048	21048
Adj_R^2	0.001	0.502	0.559

注：***、**、* 分别表示检验在 1%、5%与 10%水平上显著。括号内为相应的 t 值，并经过怀特异方差调整。

为了进一步检验假设 4–2 与假设 4–3，本书对相应的子样本进行分析，具体按照企业的所有权性质把企业分为国有企业与非国有企业，按照《国家重点支持的高新技术领域》中确定的行业类别把企业划分为高新技术企业与非高新技术企业。

根据中华人民共和国科学技术部 2008 年 4 月颁布的《高新

技术企业认定管理办法》，国家级高新技术企业是指在《国家重点支持的高新技术领域》内，持续进行研究开发与技术成果转化，形成企业核心自主知识产权，并以此为基础开展经营活动，在中国境内（不包括港、澳、台地区）注册一年以上的居民企业。具体包括电子信息技术、生物与新医药技术、航空航天技术、新材料技术、高技术服务业、新能源及节能技术、资源与环境技术、高新技术改造传统企业。详细结果如表 4-6 所示。

表 4-6　子样本分析结果

变量	(1)	(2)	(3)	(4)
	SALARY	SALARY	SALARY	SALARY
	SOE=0	SOE=1	HIGH=0	HIGH=1
Constant	1.525	-1.058	0.678	-3.195**
	(1.31)	(-1.07)	(0.70)	(-2.25)
LEV	0.232**	0.109	0.127**	0.291***
	(2.34)	(1.48)	(2.11)	(4.14)
Prob.（diff=0）	10.17**		8.17*	
MSALARY	0.487***	0.562***	0.495***	0.764***
	(4.57)	(6.28)	(5.71)	(6.05)
PRO	0.343***	0.446***	0.384***	0.387***
	(22.38)	(26.12)	(25.90)	(20.44)
SIZE	-0.020*	-0.016	-0.018*	0.024**
	(-1.96)	(-1.56)	(-1.75)	(2.40)
ROA	-0.001	-0.002	-0.002*	-0.002*
	(-0.98)	(-1.57)	(-1.89)	(-1.78)
TANG	-0.208	0.207	0.071	-0.074
	(-1.10)	(1.16)	(0.39)	(-0.41)
DOU	-0.020	-0.053*	-0.054***	-0.044**
	(-1.41)	(-1.79)	(-3.02)	(-2.33)

续表

变量	(1)	(2)	(3)	(4)
	SALARY	SALARY	SALARY	SALARY
	SOE=0	SOE=1	HIGH=0	HIGH=1
HHI	−0.022	−0.032	−0.068	0.054
	(−0.50)	(−0.56)	(−1.33)	(1.02)
年份	YES	YES	YES	YES
行业	YES	YES	YES	YES
省份	YES	YES	YES	YES
样本量	12690	8358	11871	9177
Adj_R^2	0.513	0.643	0.564	0.571

注：***、**、* 分别表示检验在 1%、5%与 10%水平上显著。当变量 SOE=1 时，企业为国有企业，当变量 SOE=0，企业为非国有企业。当变量 HIGH=1 时，企业为高新技术企业，当变量 HIGH=0 时，企业为非高新技术企业。

表 4-6 第（1）、（2）列为企业所有权性质子样本回归结果，第（3）、（4）列为高新技术行业与非高技术行业子样本回归结果。从第（1）、（2）列结果可以看到，在非国有企业中，企业杠杆率越高，员工薪酬越高，而在国有企业中，企业杠杆率变量系数不显著，两者之间系数的差异在 5%水平上显著，这些结论支持假设 4-2，即非国有企业杠杆率对员工薪酬的影响要强于国有企业。从第（3）、（4）列结果可以看到，在非高新技术行业中，企业杠杆率变量系数为 0.127，在 5%水平上显著，而在高新技术行业中，企业杠杆率变量系数为 0.291，在 1%水平上显著，两者之间系数的差异在 10%水平上显著，这说明相对于非高新技术行业，在高新技术行业中企业杠杆率水平越高，员工薪酬越高。这些结论支持假设 4-3，即技术型企业杠杆率对员工薪酬的影响要强于非技术型企业。其他控制变量的系数与主回归结果一致。具体地，行业平均薪酬越高，员工生产力

越高，企业规模越大，企业盈利状况越好，行业市场集中越高，员工的薪酬越高，而董事长两职兼任，员工薪酬越低。

表 4-7 给出了企业财务困境状况对于员工薪酬议价能力的影响。有研究表明，当企业处于财务困境时，企业的谈判能力越强，以致员工会被迫作出让步接受薪酬削减或降低工资增长率的要求以确保债务的完全偿还，此时即使杠杆率升高，员工薪酬补偿并不与之匹配。具体地，表 4-7 第（1）列给出了在财务困境的企业中，杠杆率与员工薪酬的关系。此时，杠杆率变量系数为正，但不显著，而在第（2）列非财务困境的企业中，杠杆率变量系数为正，在 1%水平上显著，并且两者系数在 10%水平上存在显著差异。所以，上述结果表明，相对于财务困境企业，在非财务困境的企业中，员工的谈判能力越强，随着杠杆率的提升，其薪酬也得到一定的补偿，具有一定的匹配性，即假设 4-4 成立。对于其他控制变量，符合相应的预期。

表 4-7 财务困境样本的进一步检验

变量	（1）	（2）
	SALARY	SALARY
	Z 值 < 中位数	Z 值 > 中位数
Constant	0.109	-0.004
	(0.11)	(-0.00)
LEV	0.188***	0.269***
	(3.60)	(4.59)
Prob.（diff=0）	10.31*	
MSALARY	0.483***	0.583***
	(5.35)	(5.21)
PRO	0.423***	0.334***
	(26.77)	(23.26)

续表

变量	(1)	(2)
	SALARY	SALARY
	Z 值 < 中位数	Z 值 > 中位数
SIZE	-0.007	0.001
	(-0.87)	(0.08)
ROA	-0.004***	-0.000
	(-3.36)	(-0.27)
TANG	0.029	0.032
	(0.17)	(0.19)
DOU	-0.055***	-0.052***
	(-2.88)	(-3.53)
HHI	-0.019	-0.054
	(-0.38)	(-1.40)
年份	YES	YES
行业	YES	YES
省份	YES	YES
样本量	10523	10525
Adj_R^2	0.616	0.501

注：***、**、* 分别表示检验在 1%、5%与 10%水平上显著。Z 值来源于 Wind 数据库。

4.5.4　稳健性检验

4.5.4.1　样本选择偏误

对于本章实证回归模型中一个重要的被解释变量员工薪酬，有相当一部分的企业没有对其进行报告，其占总样本的比例为 12%。所以，本章认为可能存在一系列相关不可观察的因素决定了企业是否报告员工薪酬。这就是所谓的样本自选择问题（Heckman，1979）。

为了检验样本自选择偏差的影响，本章使用两阶段 Heckman

回归。在第一阶段的回归模型中，本书估计企业报告员工薪酬指标的可能。按照 Chemmanur 等（2010）的研究，本书在第一阶段加入企业上市地作为外生变量，这是由于中国两个交易所存在一定的分割，相应的信息披露制度也存在一定的差异，所以对应的信息监管也不同。通过估计第一阶段得到相应 Mill 率，把其加入本书的模型 4-1 中进行回归。具体地回归结果如表 4-8 所示。

表 4-8 控制选择性偏差的回归结果

变量	(1)	(2)
	SALARY01	SALARY
Constant	-5.493	-0.568
	(-0.35)	(-0.72)
LEV	-1.962***	0.242***
	(-4.73)	(6.74)
MSALARY	-0.174	0.382***
	(-1.62)	(32.15)
PRO	0.385***	0.006
	(4.34)	(0.81)
SIZE	-0.018*	-0.002**
	(-1.71)	(-2.48)
ROA	-1.010	0.060
	(-0.69)	(0.45)
TANG	0.067	-0.054***
	(0.31)	(-4.14)
DOU	0.564	-0.040
	(1.46)	(-1.08)
HHI	0.496***	
	(2.78)	

续表

变量	(1)	(2)
	SALARY01	SALARY
List	-1.962***	-0.242***
	(-4.73)	(-6.74)
Lambda		2.694**
		(2.05)
年份	YES	YES
行业	YES	YES
省份	YES	YES
样本量	20883	20722
Pseudo/Adj_R^2	20883	20722

注：***、**、* 分别表示检验在 1%、5%与 10%水平上显著。Z 值来源于 Wind 数据库。

表 4-8 为控制了样本选择性偏差后的回归结果。第（1）列中的被解释变量为 SALARY01，企业披露员工薪酬指标，则 SALARY01=1，否则，SALARY01=0，另外 list 的定义为，若企业为上海证券交易所上市，则 list=1，否则为 0。相应的回归结果告诉我们，上海证券交易所上市公司披露员工薪酬指标的概率较小。员工收入比越高，规模越小，市场集中度越高的企业，其披露指标的概率越低。第（2）列回归结果中，Mill 比率在统计上显著为正，其表明存在一定的选择性偏误，相应经过偏误处理后的结果与表 4-6 结果体现出高度一致，即企业杠杆率越高，员工薪酬越高。

4.5.4.2　其他稳健性检验

第一，本书对被解释变量员工薪酬进行行业调整，即企业员工薪酬与行业平均薪酬的差值作为被解释变量。

第二，本书采用员工薪酬的变化量进行回归分析。相关的回归结果如表 4–9 所示，从表 4–9 中可以看出，LEV 的系数仍然为正，且在一定的水平上显著。

表 4–9 调整员工薪酬的回归结果

变量	(1)	(2)
	A–SALARY	DSALARY
Constant	–0.427	–2.432***
	(–0.55)	(–4.74)
LEV	0.418***	0.124*
	(11.37)	(1.69)
控制变量	YES	YES
年份	NO	NO
行业	NO	NO
省份	NO	NO
样本量	21048	18045
Adj_R^2	0.350	0.0147

注：***、**、* 分别表示检验在 1%、5%与 10%水平上显著。控制变量见表 4–5 所列示。

4.5.4.3 基于劳动合同法颁布的进一步检验

新的《劳动法》于 2008 年开始实施，其目的是为了更好地保护员工权益。所以，劳动法的颁布对于员工薪酬增长会产生正向作用。并且，在劳动法颁布后，员工的谈判权利会更强，如果企业破产风险增加时，员工薪酬相应增加，那么假设 4–1 会得到进一步支持。基于此，本部分以 1993~2013 年数据为研究对象，分析/(劳动法) 颁布前后，企业杠杆率与员工薪酬之间的关系是否有着差异。相应的回归结果如表 4–10 所示。通过表 4–10 的结果我们可以看出，杠杆率 LEV 系数在 2008 年以后的样本中为正，且在 1%水平上显著，而在 2008 年以前的样本不显著，所以，这也进一步说明，随着劳动合同法的颁布，员工的权益保障得到加强。

表 4-10　基于劳动合同法检验的回归结果

变量	（1）	（2）
	SALARY	SALARY
组别	2008 年以后	2008 年以前
Constant	1.035	1.868**
	(1.12)	(2.18)
LEV	0.298***	0.051
	(4.79)	(0.73)
控制变量	YES	YES
年份	YES	YES
行业	YES	YES
省份	YES	YES
样本量	12265	8649
Adj_R^2	0.159	0.315

注：***、**、* 分别表示检验在 1%、5%与 10%水平上显著。控制变量如表 4-5 所列示。这里的员工薪酬为应付员工薪酬的均值。

4.6　本章小结

本章从资本结构引起的破产人力资本风险补偿视角出发，以 2007~2016 年中国 A 股上市公司作为研究样本，研究了上市公司资本结构对员工薪酬的影响。本章的实证研究表明，企业资本结构对员工薪酬有显著的正向影响；国有企业资本结构与员工薪酬之间呈负相关关系，但这种关系不显著，非国有企业资本结构与员工薪酬之间呈正相关关系；相对于非技术性行业，高科技行业资本结构对员工薪酬的正向影响更加显著。最后，相对于财务困境的企业，在非财务困境的企业中，资本结构与员工薪酬之间的关系更显著。

本章的研究结论具有以下方面的启示：

第一，我国上市公司存在基于破产风险的人力资本保护，在破产风险和薪酬补偿之间存在一定的匹配关系，企业应当以适当的方式将这一利益保护机制常态化、规范化、透明化。

第二，本章发现资本结构对员工薪酬的影响在国有企业与非国有企业显著不同，这可能暗示着国有企业的员工薪酬与其承担的风险并不匹配，制度因素可能是这背后的主要诱因，这将是我国收入分配改革的重点内容。

第三，在中国，非技术型企业员工的职业防御能力较弱，高科技企业员工的利益保护要强于非技术型行业，人力资本的个人特征在薪酬决定机制中发挥了较关键的作用。在当前员工集体薪酬议价能力普遍低下的现状下，员工只有加大自身的人力资本投入，才能提高薪酬的议价能力。

第四，员工的工资议价能力也会受到企业财务状况的影响，在企业处于财务困境时，员工的利益诉求会发生变化，此时企业的安全与工作的稳定性更被看重，短期更多的薪酬保障要求降低。企业应在安全的财务状况下建立合理的杠杆—薪酬匹配机制，以弥补员工在破产或财务困境中可能遭受的人力资本损失。

第五，随着《劳动法》的颁布，薪酬补偿增加，员工权益保护得到加强，政府旨在提高劳动者尤其是中低收入劳动者利益的政策效果初现。企业应严格执行《劳动法》，确保员工权益的实现。

第5章　员工薪酬与员工行为相关关系的实证研究

本章结合中国资本市场背景，以薪酬激励理论为基础提出相应的假设，利用中国上述公司数据，构建相应的回归模型，在尽量控制内生性的情况下，实证检验员工薪酬与员工行为的关系，并进一步检验不同企业所有权性质、企业技术特征、薪酬差距以及杠杆—薪酬敏感性对于上述关系的影响。

5.1　理论拓展与假设提出

本章将对影响员工行为的因素进行分析，对相关的主要结论进行精练，并结合中国企业特殊背景，提出相应的研究假设。本章研究的内容可以概括为：

第一，员工薪酬与员工行为的关系；

第二，员工薪酬与员工行为的关系在不同企业所有权性质下的差异；

第三，员工薪酬与员工行为的关系在不同企业技术特征下的差异；

第四，员工薪酬与员工行为的关系在不同的管理层与员工薪酬差距下的差异；

第五，员工薪酬与员工行为的关系在不同杠杆—薪酬敏感性下的差异。

5.1.1 员工薪酬与员工行为

员工行为是员工个体在生产、科研、管理、销售等企业活动中的表现和作为。由于个人素质和工作岗位的差别，员工行为具有多样性和分散性，同时又受到内在自身价值观和外在环境因素的影响。员工行为对企业文化传播和企业价值创造都有着重要影响，是本书研究的重点内容之一。根据员工行为的主要表现以及对企业价值的影响程度，本章选取员工离职率、员工生产能力、员工质量作为员工行为的替代变量，分别描述员工离开、劳动投入和高素质员工进入企业的状态。

国外离职问题的研究兴起于 20 世纪初期，早期在这一研究领域中起主导作用的是经济学家，他们主要考察工资、劳动力市场结构、失业率等宏观因素对员工离职的影响。

在波特（Porter，1974）的研究之前，学者一直把工作的满意度视为员工离职的主要原因，也是研究员工离职影响因素中形成文献最多的话题之一。工作满意度主要指员工对薪酬、工作状态和监督管理的认可水平，许多研究证明，工作满意度与离职意向之间呈负相关（Bluedorn，1982；Cotton and Tuttle，1986；Price，1977），理由是不满的员工更倾向于选择离开，这种关系从现实角度看的确经常存在。另外，后来的研究则强调组织承诺的重要性，并强调其比工作满意度对于离职的影响更重要。至此，组织承诺被予以重视并经研究证实与员工离职呈显著负相关（Bluedorn，1982；Chang，1999；Jaros，1997；Meyer and Allen，1991；Somers，1995）。个人承诺忠诚于组织，组织承诺提供更多的发展机会，这种相互之间的承诺度越高，员工的离职意向越低。

为了提高工作满意度，相关研究对薪酬的重要进行了分析，企业可以应用有效工资理论，多付给员工一部分工资津贴以降低自愿离职人员的数量。如果这些具有高离职成本的企业肯承担部分离职成本，则企业反而可以通过增加工资使利润最大化，因为高的工资成本将会由低的离职成本所抵销，企业可以因此设置工资水平以节省离职成本（Salop，1979；Summers and Bulow，1986）。在影响员工离职的诸多因素中，薪酬因素一直占据重要地位。对普通员工而言，薪酬是收入的主要来源，获取薪酬也是工作的主要目的。对员工进行薪酬激励可以提升绩效，激发员工的工作积极性，从而显著降低离职倾向（Zhang et al.，2011；Porter and Steers，1973；Mobley，1997）。薪酬激励既是物质上的表彰，也隐含着对员工工作业绩的肯定，还显示了其在社会地位和精神层面上的优越感（赵曙明，2002）。因此，较高的薪酬是吸收、挽留和鼓舞员工的重要工具。 然而有研究表明，员工不仅关心自己获得的薪酬多少，也会根据薪酬的横向和纵向比较对分配过程及分配结果做出判断，并根据感知到的薪酬制度公平性来选择自身的行为。步丹璐等（2013）认为，制定薪酬政策的目的就是为了调动员工积极参与的工作热情，激发他们的主动性和创造性，从而最终提高组织的工作效率。刘慧龙等（2010）认为，薪酬既是对员工工作成果的首肯和评价的工具，也是召唤员工服从企业安排的企业体制的一部分。张延彩和韩玉启（2007）研究发现，分配公平经工作满意和组织承诺影响员工离职意图。钱爱民等（2014）基于薪酬公平理论从薪酬分配的结果公平和过程公平角度分别研究了薪酬政策对员工整体离职的影响。研究表明，员工薪酬、薪酬溢价和薪酬差距都对员工离职率有显著影响，其中薪酬及其溢价与离职率显著负相关，企业内部薪酬差距与离职率显著正相关；企业业绩降低时高管涨薪比例若明显高于员工涨薪比例，员工离职率会显著升高。由此可知，薪酬分配的结果公平和过程公平均是对员工做出离职选择的重要影响因素。

同样地，当员工薪酬较低时，即使员工不离职，员工生产的积极性也会降低，即员工可能会有严重的偷懒行为，从而使员工的生产能力降低。另外，薪酬是吸引高素质员工加入企业的利器，由于劳动力市场中的信息不对称，高工资要求的员工体现出其相应的能力，所以，企业一旦给予员工高薪酬，高质量的员工会流入该企业。所以，本章提出如下假设：

假设 5-1a：如果一个企业的员工薪酬越高，那么该企业员工离职率越低。

员工生产力就是员工进行生产的能力，也能体现出员工的行为特征。现阶段，我国员工的生产能力还比较低，虽然改革开放后，我国工人的平均劳动生产率大幅提高，但与美国等发达国家相比依然很低，不及其同项指标的 1/3。且劳动生产率增加值率仅为美国的 4.38%。所以如何提高员工的生产能力也是我们比较关注的问题。员工薪酬的提高在一定程度上提高了员工的生产能力，也能减小员工不努力的程度或者偷懒的程度。如果一个企业的薪酬激励到位，提高员工薪酬会提高员工生产的积极性，促使员工的生产效能增大，即员工生产能力提高。所以，本章提出如下研究假设：

假设 5-1b：如果一个企业的员工薪酬越高，那么该企业员工生产能力越高。

员工知识构成也能体现出员工的行为特征。有资料显示，制造业从业人员中初中以下文化程度的人数占比为 2/3，高中文化程度人数占比为 20%，大专以上文化程度的人数不到 10%，学历结构普遍低下。如何提高员工的质量，也是我们未来研究的主题。在资本市场中，由于信息不对称的存在，劳动市场的员工主要参考薪酬来决定他们的去向，高薪酬体现出高能力，所以一旦企业给予的薪酬越高，高质量的员工越会流向该企业，从而使企业的员工整体素质相应提升。另外，企业给予员工薪酬的高低可以成为企业吸引高端人才的一个信号，在信息不对称的情况下，薪酬的高低有利于区分员工的质量，高的员工薪酬更易于吸引高质量的员工。基于此，本章提出如下研究假设：

假设 5-1c：如果一个企业的员工薪酬越高，那么该企业员工质量越高。

5.1.2　员工薪酬与员工行为：基于不同所有权性质影响

在相当长的一段时间内，国有企业的工作一直被广大员工认为是一个“铁饭碗”，对外来说，也是一份体面的工作。在国有企业工作，一方面能够使自己被解雇的风险较低，另一方面也能使自己收入稳定。对于非国有企业，由于稳定性较低，员工被解雇风险的加大，势必要求提高薪酬，所以他们对薪酬的敏感性较大。

此外，不同所有权性质企业之间的薪酬差异一直为社会各界所关注。近年来，很多学者研究发现，相比非国有企业，国有企业员工工资更高、福利更好。不同所有权性质企业薪酬存在显著差异的根源在于国有企业和非国有企业在企业目标、外部环境和内部治理等方面的巨大差别。首先，社会和政治目标在国有企业更被注重（林毅夫等，2004），对经济效益指标关注不足（姚洋和章奇，2001），劳动力收入稳定，工资具有刚性特点（陈冬华等，2010）。其次，国有企业具有外部环境优势，能够获得更多的便利资源和政策优惠，支付高工资的能力较强。而非国有企业的外部竞争激烈，生存和发展空间狭小，更可能通过压低或限制工资增长的方式出现获取利润。因此，在国有企业高工资的背景下，员工薪酬与员工离职的敏感性较弱。

基于上述分析，在风险厌恶的情况下，国有企业员工面临较小的离职风险；在薪酬方面，国有企业员工一般存在较高的薪酬，所以他们在薪酬的敏感性较低的情况下，他们的离职率较低。而非国有企业由于工作的不确定性高，员工对薪酬的敏感性高，离职率相对较高。所以本章将提出如下研究假设：

假设 5-2a：相对于国有企业，非国有企业员工薪酬对于员工离职的作用更强。

相似地，对于国有企业，员工薪酬与员工生产能力的关系弱于非国有企业。另外，对于国有企业，由于“铁饭碗”的存在及岗位业绩考核机制的弱化，员工工作投入的努力程度相对较低，懒散松懈的工作状态比较常见。然而，对于非国有企业，健全的激励机制使员工增加对于企业的投入，从而获得更多的报酬。基于此，本章提出如下研究假设：

假设 5-2b：相对于国有企业，非国有企业员工薪酬对于员工生产能力的作用更强。

相似地，对于国有企业，由于体制内升迁机会受员工人力资本之外特征影响的因素较多，且运行效率、决策流程较为缓慢，使薪酬对于高质量的员工激励作用不是很大。而对于非国有企业，企业的薪酬制度越健全，越容易吸引优秀的员工进入企业。所以，员工薪酬与员工质量变化的关系弱于非国有企业。所以本章提出如下研究假设：

假设 5-2c：相对于国有企业，非国有企业员工薪酬对于员工质量改变的作用更强。

5.1.3　员工薪酬与员工行为的关系：基于不同企业技术特征的影响

企业的技术特征既决定了员工的薪酬，也决定了员工的谈判能力。通常情况下，企业技术特征越显著，越注重人力资本的稳定性，员工谈判权越大。由于掌握特殊技术优势，他们对自己的薪酬要求通常较高，一旦没有达到自己理想的薪酬，他们的离职率就会变高。另外，技术特性比较强的行业，流动环境较好。也就是说，员工流动之间的障碍较小，这在一定程度上减小了他们的流动成本，加大了他们的流动性。

基于上述分析，在技术性较高的行业，员工有着较强的谈判能力，对自身的薪酬要求也较高，当薪酬要求没有得到满足时，员工离职率将提高，企业生产能力降低，员工质量下降。所以，本章提出第三组相关假设：

假设 5–3a：相对于非技术型企业，技术型企业员工薪酬对员工离职的作用更强。

假设 5–3b：相对于非技术型企业，技术型企业员工薪酬对员工生产能力的作用更强。

假设 5–3c：相对于非技术型企业，技术型企业员工薪酬对员工质量改变的作用更强。

5.1.4 员工薪酬与员工行为的关系：基于不同薪酬差异特征的影响

高管和员工同为企业价值的创造者，员工对企业的运营发挥着最基本的作用，企业不应只注重对高管的激励，也须对员工进行合理的补偿和奖励。随着高管薪酬信息披露的公开化，员工不仅关心自身薪酬的高低，也会关注高管的收入水平，并通过比较来决定满意度水平。薪酬差距如果过大且持续增加，或者在业绩的激励和风险的补偿程度上不平等，低收入员工会萌生被剥削的感觉，不公平感的加强会促使部分员工的行为转化，可能会通过选择离职或降低生产能力等方式表达对企业薪酬分配结果的不满。

相对剥削理论认为，员工会将个人薪酬同组织中较高层级人员的薪酬作比较，如果低层级员工感觉到他们没有得到应该得到的薪酬，就会有被剥削的感觉，从而会导致怠工、罢工等负面行为，也会导致员工对组织目标的漠不关心、不追求在企业的赏金和发展，企业的凝聚力就会下降。另外，对于有能力的员工，当他们的薪酬与管理层薪酬之间的差异较大时，他们会选择离职与跳槽（Cowherd and Levine，1992）。

基于上述分析，当管理层薪酬与员工薪酬差距较大时，单纯提高员工薪酬，已不能满足员工的满意度，继而不能降低员工的离职率，也不能提高员工的生产能力和改变员工的知识结构，所以，本章提出第四个假设：

假设 5-4a：相对于薪酬差异度较高企业，薪酬差异度较低企业的员工薪酬对员工离职的作用更强。

假设 5-4b：相对于薪酬差异度较高企业，薪酬差异度较低企业的员工薪酬对员工生产能力的作用更强。

假设 5-4c：相对于薪酬差异度较高企业，薪酬差异度较低企业的员工薪酬对员工质量改变的作用更强。

5.1.5　员工薪酬与员工行为的关系：基于不同杠杆—薪酬敏感性的影响

在第四章中，本书已经证实了资本结构与员工薪酬的关系，即债务水平越高，员工薪酬越高，即薪酬与风险水平之间具有一定的匹配度，员工薪酬具有对杠杆率高低的敏感性。在这种情况下，当薪酬针对杠杆率变动的调整没有实现，即杠杆—薪酬敏感性低时，员工行为会发生变化。也就是说，在杠杆—薪酬敏感性高的企业中，企业注重薪酬与风险的匹配，则员工的行为就是积极和理性的。而当薪酬对杠杆不敏感时，员工就会出现消极的行为表现。具体地，一旦企业债务水平高于某一个固定值，企业的债务违约风险将会增大，破产概率增加，那么员工就会要求薪酬的增加以弥补潜在的破产人力资本损失，否则会导致员工的离职率上升，员工生产能力降低，员工质量改善程度降低。为了证实杠杆—薪酬敏感性对于员工薪酬与员工行为的影响，本章提出第五个假设：

假设 5-5a：相对于敏感性低的企业，在杠杆—薪酬敏感性高的企业中，员工薪酬对员工离职的影响更显著。

假设 5-5b：相对于敏感性低的企业，在杠杆—薪酬敏感性高的企业中，员工薪酬对员工生产能力的影响更显著。

假设 5-5c：相对于敏感性低的企业，在杠杆—薪酬敏感性高的企业中，员工薪酬对员工质量改变的影响更显著。

5.2 数据来源与样本选择

本节将着重介绍本章实证分析所使用的数据来源，以及样本的选择过程。

5.2.1 数据来源

本章的数据主要来源于 Wind、CSMAR、CCER 数据库，数据区间为 2007~2016 年。样本选择的具体过程如下：首先，从 Wind 数据下载企业财务数据，其中包括企业总负债，总资产，企业总资产收益率，固定资产，员工人数，员工知识构成以及销售收入；其次，从 CSMAR 数据库下载员工薪酬和公司治理情况变量，其中包括独立董事比例，第一个大股东持股比例，董事长是否两职兼任；最后，从 CCER 数据下载员工薪酬数据。具体数据如表 5-1 所示。

表 5-1　数据来源

数据类型	数据来源
财务指标	CSMAR 与 Wind 数据库
员工人数	CCER 数据库
员工薪酬	CSMAR 数据库
企业公司治理数据	CSMAR 数据库
企业所有权性质	Wind 数据库
行业信息	Wind 数据库

5.2.2　样本选择

选择 2007~2016 年上市公司样本，并剔除 ST 公司样本，金融行业公司样本以及数据存在缺失的样本，另外按照本章定义计算企业的离职率，并对离职率为负的样本进行删除，最终本书的研究样本总数为 5135 个，并对相应的连续变量进行 1%缩尾处理。

5.3　变量定义

本章的被解释变量是员工行为，其在百度百科的定义是员工个体在生产、科研、管理、销售等企业活动中的表现和作为。在本书中以员工离职率、员工生产能力、员工质量作为员工行为的替代变量，分别描述员工离开、工作努力程度和高素质员工进入企业的状态。

员工离职率（ETR），根据步丹璐和白晓丹（2013）的研究，本章通过对比 t+1 期员工人数和 t 期员工人数分析员工变动的情况，来衡量员工的离职程度，即员工离职率 ETR t+1 为（t 期员工总人数–t+1 期员工总人数）/t 期员工总人数。

员工生产力（PRO），员工生产力即为单位员工的投入产出比。本书使用企业年末总收入与员工人数的比值来代替。这个比例反映出单位员工的收入，在一定程度上体现了员工的生产能力。但是，这个方法计算也存在一定的局限性，企业年末总收入与员工人数的比值这一变量不仅反映出员工的生产力，还能辨别出企业的特征，是劳动密集型还是技术型。

员工质量（QUA），员工的质量往往体现出员工知识结构与员工的技术能力。本书使用企业员工中研究生学历人数所占的比例来替代，这是因为员工的高学历往往体现出员工质量与素质的高低。然而，用这一定义进行度量也存在一定的局限，其原因是这个变量在年度上的变化相对较小，可能会影响本文的主要结论。

重要的解释变量如下：

员工薪酬（SALARY），本书使用（支付给职工以及为职工支付的现金–高管薪酬）/（员工人数–高管人数）的对数作为解释变量。然而，对于这个薪酬度量还存在一定的局限性，事实上，从目前来看，员工薪酬还应包括员工持股和员工福利费等，在某些行业，员工持股在薪酬构成中占据重要地位，是主要的长期激励方式，但本书囿于多数企业的现状和数据收集局限只考虑了员工短期薪酬，这可能会使本书采用该员工薪酬的检验结论存在一定的偏差。但事实上，直到 2012 年证监会才发布《上市公司员工持股计划管理暂行办法》，明确了上市公司员工持股的披露方法。也就是说，2012 年后，才有着正式的员工持股可能，且员工持股从 2014 年才大规模开始实现。

企业杠杆水平（LEV），本书选择负债总和与总资产的比值。

企业规模（SIZE），本书选择企业总资产（百万元）的对数作为企业规模。如果企业规模越大，员工的薪酬越高，员工拥有更多的技能和更多的岗位选择（Brown and Medoff，1989），员工离职率较低；对高素质员工的吸引力更大。

企业盈利能力（ROA），企业总资产利润率，一般情况下，企业盈利能力越好，员工越不容易发生离职，也更容易吸引高素质员工进入。

资本密集度（TANG），本章使用固定资产占总资产的比值来代替。

两职合一（DOU），虚拟变量，如果董事长与总经理两职兼任，则 DOU=1，其他，DOU=0。

营业收入增长率，GRO。公司收入增长较快，员工规模也会增长较快，员工离职率也会较低。企业的成长性强，对高质量的员工吸引力越大。本章采用本年度营业收入总额相较上年度营业收入总额之差与上年度营业收入的比值衡量收入增长率 GRO（刘慧龙等，2010）。

独立董事比例（IDB）。一般情况下，独立董事比例越高，员工权益更容易受到保护，员工的离职率可能更小。

第一大股东持股比例（FRATE）。一般情况下，第一大股东持股比例越大，有利于对管理层进行监督，从而提升企业业绩，降低员工离职。

企业所有权性质（SOE）。本章定义当企业为国有企业时，SOE=1；反之，当企业为非国有企业时，SOE=0。

行业控制变量（Industry）。本章选择证监会行业分类，取行业分类的首字母，制造业则选择字母后两位数字。

年份控制变量（Year），选择 2007~2016 年中 9 个虚拟变量。

本章所有使用到的变量定义如表 5-2 所示。

表 5-2 变量定义

ETR	员工离职率	(t 期员工总人数 – t+1 期员工总人数) / t 期员工总人数
PRO	员工生产力	企业总收入与员工人数的比值的对数
QUA	员工质量	企业员工中研究生学历人数所占的比例
SALARY	员工薪酬	(支付给职工以及职工支付的现金 – 高管薪酬) /(员工人数 – 高管人数) 的对数
LEV	企业杠杆水平	企业年末负债总和与年末总资产的比值
SOE	企业所有权性质	当企业为国有企业时，SOE = 1；反之，当企业为非国有企业时，SOE = 0
SIZE	企业规模	企业年末总资产（万元）的对数
ROA	企业盈利能力	企业年末利润与年末总资产的比值
TANG	资本密集度	年末固定资产占年末总资产的比值
DOU	两职合一	如果董事长与总经理两职兼任，则 DOU = 1，其他，DOU = 0
IDB	独立董事比例	独立董事与董事人数的比值
FRATE	第一大股东持股比例	年末第一个股东持股占总股本的比例
Year	年度变量	本章的样本区间为 2007~2016 年，存在 9 个年度虚拟变量
Industry	行业变量	以 2001 年证监会行业分类明细，制造业取代码首字母后两位数字，其他行业取首字母

5.4　计量模型

为了检验本章提出的五个研究假设，本章构建如下模型进行分析：一是基于全部样本，着重检验员工薪酬与员工行为的关系；二是按照企业所有权性质把全样本分组，分析在不同所有权性质下，员工薪酬对员工行为的影响差异；三是按照企业技术特征把全样本分组，比较在不同企业技术特征情况下，员工薪酬对于员工行为的影响差异；四是按照管理者与员工的薪酬差距程度把全样本分组，比较在不同薪酬差距程度下，员工薪酬对于员工行为的影响差异；五是按照杠杆—薪酬敏感性把全样本分组，比较在不同杠杆—薪酬敏感性下，员工薪酬对于员工行为的影响差异。

相关基本模型如下：

$$Y_{it} = \alpha + \beta_1 SALARY_{it-1} + \beta_2 LEV_{it-1} + \beta_3 SIZE_{it-1} + \beta_4 ROA_{it-1} + \beta_5 TANC_{it-1} + \beta_6 DOU_{it-1} + \beta_7 GRO_{it-1} + \beta_8 IDB_{t-1} + \beta_9 FRATE_{it-1} + \beta_{10} SOE_{it-1} + \beta_{11} Y_{it-1} + Ind + Year + \varepsilon_{it} \quad (5-1)$$

5.4.1　因变量

模型（5-1）的因变量 Y 是员工行为，在本书中被分为三种形式，分别以员工离职率、员工生产能力、员工质量作为员工行为的替代变量，描述员工离开、工作努力程度和高素质员工进入企业的状态。员工离职率是 ETR，定义为（t 期员工总人数-t+1 期员工总人数）/t 期员工总人数。员工生产能力是 PRO，定义为企业总收入与员工人数的比值。员工质量是 QUA，定义为企业员工中研究生学历人数所占的比例。

5.4.2 测试变量

SALARY，为企业员工平均薪酬。这个变量的系数符号及其显著性程度是解释员工薪酬对于员工不同行为影响的主要依据。具体地，员工行为是 ETR 时，式（5-1）中的如果显著小于 0，则说明员工薪酬越高，员工离职率越小，即假设 5-1a 成立；当员工行为以 PRO 替代时，式（5-1）中的如果显著大于 0，则说明员工薪酬越高，员工生产力越高，即假设 5-1b 成立；当员工行为以 QUA 替代时，式（5-1）中的 β_1 如果显著大于 0，则说明员工薪酬越高，员工质量越高，即假设 5-1c 成立。

5.4.3 分组变量

本章将采用四个变量进行分组：

一是企业所有权性质变量。

二是行业属性，按照《国家重点支持的高新技术领域》把行业划分为高新技术企业与非高新技术企业。对于企业所有权性质变量，当企业是国有企业时，设 SOE=1，其他情况下，SOE=0。对于行业属性变量，当企业为高新技术企业，变量 HIGH=1，当企业为非高新技术企业，变量 HIGH=0。

三是高管与员工薪酬之间的公平性，这里采用高管平均薪酬与员工薪酬之比作为不公平的一个替代变量。

四是杠杆—薪酬敏感性。对于杠杆—薪酬敏感性的度量，主要取决于薪酬依据杠杆率变动的方向，敏感性高的界定为：杠杆增加，薪酬增加；杠杆降低，薪酬降低。敏感性低的界定为：杠杆高，薪酬低；杠杆低，薪酬高。即杠杆—薪酬同方向变动，则敏感性高，杠杆—薪酬反方向变动，则敏感性低。

5.5　实证分析

以下将进行本章的实证分析，主要包括样本的描述性统计分析、多元回归分析以及相应的稳健性检验。

5.5.1　描述性统计分析

表 5-3 为本章变量的描述性统计分析结果。对于中国上市公司来说，企业员工的平均年离职率为 31.5%，最小值为 0.0%，最大值为 461%，两极分化十分严重。另外，上市公司的平均杠杆率为 0.431，其最大值为 1.16，则说明，整体上，上市公司负债率较高，甚至相当一部分公司超额负债经营。对于其他控制变量，样本企业的平均规模（SIZE）为 2 亿元，国有企业占比（SOE）为 32.1%，企业的平均资产利润率（ROA）为 7.3，企业资本密集度（TANG）的平均值为 0.952，企业的两职合一（DOU）的均值为 0.274，企业独立董事比例的均值为 37%，第一大股东持股比例的均值为 35%。企业的成长能力（GRO）为 0.288。

表 5-3 变量描述性统计分析

变量	样本	均值	中位数	标准差	极小值	极大值
ETR	5135	0.315	0.113	0.689	4.61	0
PRO	5135	13.6	13.5	0.893	16.6	11.5
QUA（%）	2366	3.53	1.9	4.66	47.5	0.02
SALARY	5135	11.2	11.1	0.571	13.5	9.7
SOE	5135	0.321	0	0.467	1	0
ROA	5135	7.3	6.44	6.25	31.1	-18.2
SIZE	5135	21.9	21.8	1.11	25.7	19
LEV	5135	0.431	0.421	0.209	1.16	0.046
TANG	5135	0.952	0.965	0.0486	1	0.67
DOU	5135	0.274	0	0.446	1	0
GRO	5135	0.288	0.164	0.652	4.67	-0.643
IDB	5135	0.37	0.333	0.0536	0.714	0.143
FRATE（%）	5135	35	33.2	15	90	3.62

5.5.2 相关性分析

表 5-4 给出了主要变量的相关性系数，从表 5-3 中我们可以看到，SALARY 与 ETR 的相关系数为-0.09，且该系数在 10%上显著，SALARY 与 PRO 的相关系数为 0.123，且该系数在 5%上显著，SALARY 与 QUA 的相关系数为 0.287，且该系数在 1%上显著，说明员工薪酬越高，员工离职率越低，员工生产能力越高，员工质量也越高，初步证实了假设 5-1 的正确性。另外，对于其他控制变量，企业绩效越高，规模越小，杠杆率越大，资本密集度越小的企业，员工离职率越小。同时，从其他控制变量之间的系数与显著性来看，变量之间的共线性不严重。

表 5-4　主要变量的相关系数

	ETR	PRO	QUA	SALARY	ROA	SIZE	LEV	TANG	DOU
ETR	1								
PRO	0.324***	1							
QUA	0.776***	0.342**	1						
SALARY	−0.07*	0.123**	0.287***	1					
ROA	−0.17*	0.012	0.32**	0.19*	1				
SIZE	0.17*	0.015*	−0.11*	−0.45*	−0.01	1			
LEV	−0.05*	0.12**	−0.02	−0.14*	0.06*	0.13*	1		
TANG	0.05*	−0.01	−0.03	−0.02	−0.12*	−0.06*	−0.08*	1	
DOU	−0.02	0.02	−0.05	0.17*	0.05*	−0.04**	−0.04**	−0.02	1

注：*、**、*** 分别表示检验在 1%、5%和 10%水平上显著。

5.5.3　多元回归分析

本节进一步通过构建多元回归模型来检验本章的主要结论。首先，利用主回归模型检验员工薪酬与员工离职之间的关系；其次，检验在不同的企业所有权性质与不同企业技术特征下，员工薪酬与员工离职之间的关系是否存在差异。

表 5-5 为第（1）~（3）列为模型（5-1）的回归结果，也为检验假设 1-3 的结果。从第（1）列中我们可以看出，员工薪酬变量系数为-0.009，系数在 10%水平上显著，则说明员工薪酬越高，员工的离职率越低，即支持了假设 5-1a。从第（2）列中我们可以看出，员工薪酬变量系数为 22.285，系数在 10%水平上显著，则说明员工薪酬越高，员工的生产能力越高，即支持了假设 5-1b。从第（3）列中我们可以看出，员工薪酬变量系数为 0.259，系数在 5%水平上显著，则说明员工薪酬越高，员工的整体知识结构较高，即支持了假设 5-1c。对于其他控

制变量，企业绩效越好，规模越大，杠杆率越低，资本密集度越高的国有企业员工离职率越小。

表 5-5 员工薪酬与员工行为关系检验回归结果

变量	ETR	PRO	QUA
	（1）	（2）	（3）
ETR（-1）	0.122***		
	(3.16)		
PRO（-1）		0.874***	
		(48.93)	
QUA（-1）			0.879***
			(22.63)
SALARY（-1）	-0.012*	19.185*	0.312**
	(-1.91)	(1.98)	(2.22)
SOE（-1）	-0.025***	-4.387	0.246*
	(-3.71)	(-0.58)	(1.71)
ROA（-1）	-0.278***	1.550	-0.916
	(-5.07)	(0.02)	(-1.01)
SIZE（-1）	-0.049***	0.026**	0.043
	(-3.31)	(2.19)	(0.40)
LEV（-1）	0.198**	0.090	-0.503
	(2.50)	(1.60)	(-1.13)
TANG（-1）	-0.189	0.356*	2.112
	(-0.69)	(1.74)	(0.96)
DOU（-1）	-0.022	0.018	-0.083
	(-1.17)	(1.32)	(-0.65)
GRO（-1）	0.046	-0.018	0.303
	(1.53)	(-0.78)	(1.01)
IDB（-1）	0.305*	-0.051	-1.119
	(1.95)	(-0.39)	(-0.93)

续表

变量	ETR	PRO	QUA
	（1）	（2）	（3）
FRATE（-1）	0.001	0.000	-0.005
	(1.00)	(0.31)	(-1.13)
年度	控制	控制	控制
行业	控制	控制	控制
Constant	-1.487***	1.843***	-4.069*
	(-3.17)	(5.60)	(-1.87)
样本量	3089	3101	1331
Adj_R^2	0.161	0.769	0.826

注：***、**、* 分别表示检验在 1%、5%和 10%水平上显著。括号内为相应的 t 值，并经过怀特异方差调整。

为了进一步检验假设 5-2 与假设 5-3，本书对相应的子样本进行分析，具体按照企业的所有权性质把企业分为国有企业与非国有企业，按照《国家重点支持的高新技术领域》把行业划分为高新技术企业与非高新技术企业（根据中华人民共和国科学技术部 2008 年 4 月颁布的《高新技术企业认定管理办法》，国家级高新技术企业是指在《国家重点支持的高新技术领域》内，持续进行研究开发与技术成果转化，形成企业核心自主知识产权，并以此为基础开展经营活动，在中国境内（不包括港、澳、台地区）注册 1 年以上的居民企业。具体包括电子信息技术、生物与新医药技术、航空航天技术、新材料技术、高技术服务业、新能源及节能技术、资源与环境技术、高新技术改造传统企业）。具体结果如表 5-6 所示。

表 5-6 第（1）~（6）列为企业所有权性质子样本回归结果，第（7）~（12）列为高新技术行业与非高技术行业子样本回归

结果。从第（1）~（6）列结果可以看到，在非国有企业中，员工薪酬变量（SALARY）系数为负，且在10%水平上显著，而在国有企业中，员工薪酬变量（SALARY）系数为负，但不显著，说明员工薪酬与员工离职之间的关系只有在非国有企业中是存在的，这些结论支持假设5-2a。相似地，在以员工生产能力PRO或者是以员工质量QUA为被解释变量的回归中，在非国有企业中，员工薪酬变量（SALARY）系数分别是7.093和0.475，且分别在5%和10%的水平上显著，但是在国有企业中的变量系数不显著，这说明员工薪酬对于员工行为的影响在不同所有权性质的企业中存在差异，即支持了假设5-2b和假设5-2c。

从第（7）~（12）列结果可以看到，在高新技术行业中，员工薪酬变量（SALARY）系数为负，且在5%水平上显著，而在非高新技术行业中，员工薪酬变量（SALARY）系数为负，且在10%水平上显著，且高新技术企业中员工薪酬变量系数大于非高新技术行业，上述结论说明，高新技术企业员工薪酬对员工离职的影响要强于非高新技术企业，该结论支持假设5-3a。另外，对于员工生产能力PRO与员工质量QUA组中，员工薪酬变量（SALARY）系数只在高新技术企业显著为正，说明员工薪酬对员工生产力和员工质量的影响仅在高新技术企业存在，在非高新技术企业不存在，该结论分别支持假设5-3b和假设5-3c。其他控制变量的系数与主回归结果一致。

有研究表明，管理层与员工薪酬之间的差异会影响员工薪酬与员工行为之间的关系，为了进一步证实这个假设，本部分构建管理层与员工薪酬之间的差异变量：以管理层薪酬与员工

表 5-6 员工薪酬与员工行为关系分组检验回归结果

变量	ETR	ETR	PRO	PRO	QUA	QUA	ETR	ETR	PRO	PRO	QUA	QUA
	SOE = 0	SOE = 1	SOE = 0	SOE = 1	SOE = 0	SOE = 1	高新	非高新	高新	非高新	高新	非高新
	(1)	(2)	(3)	(4)	(5)	(6)	(7)	(8)	(9)	(10)	(11)	(12)
ETR	0.189**	0.112*					0.034	−0.025				
(−1)	(2.13)	(1.69)					(1.30)	(−1.08)				
SALARY	−0.017*	−0.005	7.093**	0.611	0.475*	0.036	0.329***	0.210***	0.140***	0.059	0.216**	0.069
(−1)	(−1.67)	(−0.61)	(2.23)	(1.17)	(1.78)	(0.19)	(4.36)	(4.02)	(2.68)	(1.34)	(2.24)	(0.92)
PRO			0.847***	0.916***					0.883***	0.844***		
(−1)			(35.44)	(41.24)					(41.38)	(24.07)		
QUA					0.838***	0.885***					0.856***	0.943***
(−1)					(14.17)	(20.31)					(17.90)	(22.71)
ROA	0.001	0.001	−0.002	−0.001	−0.031	0.001	0.001	0.001	−0.003	0.000	−0.007	−0.047
(−1)	(0.30)	(0.32)	(−0.87)	(−0.39)	(−1.12)	(0.08)	(0.33)	(0.34)	(−1.57)	(0.11)	(−0.56)	(−1.29)
SIZE	−0.060***	−0.034	0.043**	−0.003	0.135	−0.026	−0.060***	−0.034	0.043**	−0.003	0.135	−0.026
(−1)	(−3.07)	(−1.46)	(2.54)	(−0.19)	(0.90)	(−0.32)	(−3.07)	(−1.46)	(2.54)	(−0.19)	(0.90)	(−0.32)
LEV	0.148*	0.308*	0.109	0.099	−0.974*	−0.338	0.148*	0.308*	0.109	0.099	−0.974*	−0.338
(−1)	(1.67)	(1.84)	(1.49)	(1.12)	(−1.88)	(−0.51)	(1.67)	(1.84)	(1.49)	(1.12)	(−1.88)	(−0.51)
INTA	0.210	−0.712	0.504	0.214	4.352	1.269	−0.040	−0.432	0.401	0.326	3.402	−0.579
(−1)	(0.55)	(−1.59)	(1.59)	(0.76)	(0.86)	(0.66)	(−0.10)	(−1.12)	(1.36)	(1.09)	(0.89)	(−0.35)

续表

变量	ETR	ETR	PRO	PRO	QUA	QUA	ETR	ETR	PRO	PRO	QUA	QUA
	SOE = 0	SOE = 1	SOE = 0	SOE = 1	SOE = 0	SOE = 1	高新	非高新	高新	非高新	高新	非高新
	(1)	(2)	(3)	(4)	(5)	(6)	(7)	(8)	(9)	(10)	(11)	(12)
DOU (−1)	−0.009	−0.080**	0.013	0.048*	−0.107	−0.362	0.010	−0.085***	0.018	0.020	−0.050	−0.035
	(−0.42)	(−2.26)	(0.85)	(1.72)	(−0.73)	(−1.18)	(0.34)	(−3.35)	(0.90)	(0.96)	(−0.28)	(−0.21)
GRO (−1)	0.058	−0.009	−0.036	0.039	0.451	0.050	0.036	0.057	−0.014	−0.026	−0.059	0.802
	(1.56)	(−0.19)	(−1.31)	(1.21)	(1.05)	(0.44)	(1.08)	(1.07)	(−0.55)	(−0.59)	(−0.79)	(1.25)
IDB (−1)	0.374**	0.111	−0.163	0.119	−0.314	−3.396	0.294	0.324	−0.162	0.120	−2.112	−0.144
	(1.98)	(0.39)	(−1.00)	(0.55)	(−0.32)	(−1.22)	(1.43)	(1.24)	(−0.97)	(0.56)	(−1.22)	(−0.10)
FATE (−1)	0.001	−0.001	−0.000	0.001	−0.006	−0.006	0.002	−0.001	0.000	0.000	−0.006	−0.001
	(1.40)	(−0.48)	(−0.69)	(0.86)	(−1.29)	(−0.73)	(1.50)	(−0.75)	(0.11)	(0.28)	(−0.84)	(−0.22)
样本量	2122	967	2133	968	847	484	1742	1347	1747	1354	729	602
Adj_R^2	0.0714	0.0761	0.825	0.856	0.776	0.883	0.0493	0.124	0.850	0.810	0.847	0.783

注：***、**、* 分别表示检验在 1%、5%和 10%水平上显著。括号内为相应的 t 值，并经过怀特异方差调整。这里省略了行业与年度控制变量。

平均薪酬的比值度量薪酬的不公平性（GP）。在构建相关变量后，以中位数为基础，低于中位数的，作为低不公平组，高于中位数的，作为高不公平组。具体的回归结果如表 5-7 所示。

表 5-7　薪酬差异、员工薪酬与员工行为关系检验回归结果

变量	GP					
	(1)	(2)	(3)	(4)	(5)	(6)
	低差异组	高差异组	低差异组	高差异组	低差异组	高差异组
	ETR	ETR	PRO	RP	QUA	QUA
ETR（-1）	-0.045	0.039*				
	(-1.60)	(1.91)				
LNTG（-1）	0.210***	-0.095	-0.110**	-0.027	0.216*	0.064
	(4.02)	(-1.11)	(-1.99)	(-0.99)	(1.68)	(0.33)
PRO（-1）			0.814***	0.919***		
			(22.07)	(76.55)		
QUA（-1）					0.815***	0.930***
					(14.03)	(23.91)
SOE（-1）	-0.028**	-0.028***	-6.466	-5.047	0.072	0.224
	(-2.43)	(-3.80)	(-0.42)	(-0.91)	(0.19)	(1.59)
ROA（-1）	-0.268***	-0.229***	59.151	-16.274	-0.127	-1.154
	(-3.48)	(-3.03)	(0.47)	(-0.25)	(-0.06)	(-1.01)
SIZE（-1）	-0.044*	-0.067***	0.020	0.040**	0.140	0.011
	(-1.96)	(-3.43)	(1.21)	(2.30)	(0.84)	(0.09)
LEV（-1）	0.128	0.304***	0.115	0.053	-0.630	-0.482
	(1.04)	(3.03)	(1.42)	(0.64)	(-0.86)	(-0.89)
TANG（-1）	-0.048	-0.038	-28.996	-23.534	-0.908	-0.142
	(-1.43)	(-1.50)	(-0.70)	(-1.33)	(-1.52)	(-0.33)
DOU（-1）	-0.001	0.011	-13.478	7.723	0.190	-0.051
	(-0.05)	(1.14)	(-0.60)	(1.03)	(0.73)	(-0.42)
GRO（-1）	-0.009	0.007	7.135	-3.773	-0.033	-0.077
	(-0.79)	(0.68)	(0.40)	(-0.15)	(-0.11)	(-0.54)

续表

变量	GP					
	(1)	(2)	(3)	(4)	(5)	(6)
	低差异组	高差异组	低差异组	高差异组	低差异组	高差异组
	ETR	ETR	PRO	RP	QUA	QUA
IDB（-1）	-0.007	0.046	-92.583	71.484	0.883	-0.206
	(-0.08)	(0.67)	(-0.81)	(1.23)	(0.48)	(-0.17)
FRATE (-1)	-0.001***	0.000	-0.580	0.627***	-0.002	-0.001
	(-2.60)	(0.44)	(-1.37)	(2.78)	(-0.24)	(-0.26)
年度	控制	控制	控制	控制	控制	控制
行业	控制	控制	控制	控制	控制	控制
样本量	1289	1800	1294	1807	545	786
Adj_R^2	0.110	0.0242	0.770	0.905	0.784	0.880

注：*、**、*** 分别表示检验在 10%、5%和 1%水平上显著。这里只给出了以高管平均薪酬与员工薪酬之比为不公平的度量，对于另外一种方式的度量结果与表中类似，这里不给出具体的结果。

表 5-7 给出了薪酬差异度对于员工薪酬与员工行为的影响。表中第（1）列与第（2）列是为了分析薪酬不公平度对员工薪酬与员工离职关系的影响。SALARY（-1）系数在薪酬不公平程度较小的时候显著为负，而在不公平程度较大时，系数不显著。这说明，员工不仅仅关注自身薪酬的增加，还会比较与管理层薪酬的差异，当薪酬差异很大的情况下，增加员工薪酬并不能减少员工离职。而在薪酬差异较小的情况下，增加员工薪酬的才能发挥挽留员工的作用。在第（3）列与第（4）列中，被解释变量为员工生产能力 PRO 时，SALARY（-1）系数在薪酬不公平程度较小的时候显著为正，而在薪酬不公平程度较大时，系数不显著。在第（5）列与第（6）列中，被解释变量为员工质量 QUA 时，SALARY（-1）系数在薪酬不公平程度

较小的时候显著为正，而在薪酬不公平程度较大时，系数不显著，与之前结果一致。基于上述分析，当薪酬不公平度很大时，员工薪酬与员工行为之间的关系在减弱，即支持了假设 5-4。

在第四章时，本书分析了杠杆率对于员工薪酬的影响，那么自然会考虑在杠杆薪酬不匹配的企业中，员工薪酬对于员工行为的影响是否存在差别。所以，本部分构建了杠杆与薪酬之间的敏感度指标，敏感性高定义为，杠杆增加，薪酬增加；杠杆降低，薪酬降低。敏感性低定义为：杠杆高，薪酬低；杠杆低，薪酬高。基于此，相应的回归结果如表 5-8 所示。

表 5-8　杠杆—薪酬敏感性、员工薪酬与员工行为关系检验回归结果

变量	(1)	(2)	(3)	(4)	(5)	(6)
	ETR	ETR	PRO	PRO	QUA	QUA
	低敏感性	高敏感性	低敏感性	高敏感性	低敏感性	高敏感性
ETR (-1)	0.112***	0.159***				
	(2.85)	(4.32)				
SALARY (-1)	0.000	-0.019**	13.115	31.077*	-0.118	0.441***
	(0.06)	(-2.28)	(0.92)	(1.93)	(-0.57)	(2.85)
PRO (-1)			1.041***	0.929***		
			(22.41)	(15.89)		
QUA (-1)					0.906***	0.923***
					(21.69)	(17.70)
SOE (-1)	-0.022**	-0.028***	9.853	-15.002*	0.215	0.184
	(-2.04)	(-3.40)	(0.77)	(-1.92)	(0.74)	(1.24)
ROA (-1)	-0.254***	-0.265***	22.762	15.471	2.397	-1.600*
	(-2.89)	(-3.72)	(0.15)	(0.23)	(0.98)	(-1.73)
SIZE (-1)	-0.008	-0.009**	-9.469	-0.094	-0.055	-0.134**
	(-1.52)	(-2.47)	(-1.43)	(-0.02)	(-0.43)	(-2.42)

续表

变量	(1)	(2)	(3)	(4)	(5)	(6)
	ETR	ETR	PRO	PRO	QUA	QUA
	低敏感性	高敏感性	低敏感性	高敏感性	低敏感性	高敏感性
LEV (–1)	0.070***	0.051***	94.676**	26.675	–0.548	–0.134
	(2.99)	(2.81)	(2.35)	(1.12)	(–1.18)	(–0.51)
TANG (–1)	–0.036	–0.041	–52.552	–5.816	–0.074	–0.450
	(–1.10)	(–1.47)	(–1.49)	(–0.21)	(–0.12)	(–1.14)
DOU (–1)	0.004	0.014	23.746	–2.627	0.004	0.011
	(0.31)	(1.34)	(1.04)	(–0.24)	(0.01)	(0.09)
GRO (–1)	–0.002	0.002	14.925	0.650	–0.290	–0.060
	(–0.16)	(0.20)	(0.68)	(0.03)	(–0.72)	(–0.32)
IDB (–1)	0.060	0.006	60.074	11.721	–0.323	1.721*
	(0.57)	(0.10)	(0.52)	(0.21)	(–0.14)	(1.84)
FRATE (–1)	–0.000	–0.000	–0.556	0.569**	–0.000	0.001
	(–0.59)	(–0.95)	(–1.48)	(2.54)	(–0.01)	(0.32)
年度	控制	控制	控制	控制	控制	控制
行业	控制	控制	控制	控制	控制	控制
Constant	0.268**	0.271***	160.774	–46.482	2.525	1.482
	(2.17)	(3.36)	(1.08)	(–0.48)	(0.95)	(1.33)
样本量	1201	1840	12.01	1840	441	836
Adj_R^2	0.194	0.170	0.696	0.825	0.797	0.864

注：*、**、*** 分别表示检验在 10%、5%和 1%水平上显著。

表中第（1）~（2）列是以离职率 ETR 为被解释变量的回归结果，第（3）~（4）列是以员工生产能力 PRO 为被解释变量的回归结果，第（5）~（6）列是以员工质量为被解释变量的回归结果。从结果我们可以看出，员工行为变量系数只有在杠杆—薪酬敏感性高组显著，在杠杆—薪酬敏感性低中不显著。从而进一步证实了资本结构能够影响员工薪酬与员工行为之间的关系。即证实了假设 5–5 成立。

5.5.4　稳健性检验

5.5.4.1　员工薪酬变量的其他度量

本节将对员工薪酬变量进行处理，以此进一步检验主回归结论的正确性。具体地，对企业的员工薪酬变量进行行业均值调整，即员工薪酬变量减去行业均值。表 5–9 给出了具体的回归结果。从表中可以看出，员工薪酬 SALARY 变量系数在 10% 水平上显著为负，即企业员工薪酬越高，且比行业平均薪酬高的时候，员工离职率越小。相似地，对于以员工生产能力 PRO 与员工质量 QUA 为被解释变量的回归结果过中，员工薪酬 SALARY 变量系数都显著为正，进一步证实了假设 5–1 的正确性。

表 5–9　员工薪酬与员工行为的进一步检验

变量	ETR	PRO	QUA
ETR（–1）	0.123***		
	(3.17)		
PRO（–1）		77.06***	
		(2.57)	
QUA（–1）			1.341***
			(2.32)
SALARY（–1）	–0.011**	9.132**	7.765*
	(–2.12)	(2.31)	(1.97)
年度	控制	控制	控制
行业	控制	控制	控制
样本量	3089	3101	1331
Adj_R^2	0.146	0.534	0.456

注：*、**、*** 分别表示检验在 10%、5%和 1%水平上显著。

5.5.4.2 内生性处理

对于员工薪酬与员工行为之间的内生性问题是不可避免的。比如，员工薪酬越高，员工离职越小；相反，的员工离职影响企业业绩，继而也会影响员工薪酬。类似地，员工薪酬与员工生产能力，员工薪酬与员工质量之间也存在相应的反向因果关系。所以，本章在进行回归模型分析中，采用滞后一期变量进行回归，在一定程度上能够减小双向因果关系。另外，为了进一步检验本章的主要结论的正确性，本章选择采用两阶段最小二乘法，以员工薪酬与员工离职关系为研究对象，分析相关结论的正确性。

员工薪酬与员工离职之间可能存在一定的反向因果，为了控制这种内生性，本节将采用两阶段最小二乘法进行回归。所以，本节选择一阶段的工具变量为相应的政策变量 dum1，定义在 2010 年后，dum1=1；反之 dum1=0。主要原因在于，在 2010 年后，政府颁布了许多相关政策来提高员工薪酬，另外的工具变量则为政府监管指数（Gr），政策不确定性（EPU）。选择这些变量作为工具变量的原因在于：第一，2010 年，政府颁布了工人工资及退休工人工资的新规定，以及工资改革相关规定，要求保证员工的合法权益，对于这一政策的外生冲击，员工薪酬有着一定的提高，而对于员工离职则没有较大的影响。第二，政府监管指数与政策不确定性与员工薪酬有着显著的相关性。综上所述，可以使用这些外生变量作为工具变量进行相应的回归分析。相关内生性结果如表 5-10 所示。表 5-10 中第一列为第一阶段回归结果，发现三个工具变量都在一定的水平上显著，即薪酬政策能够提高员工薪酬，政策监管越大，员工薪酬越小；政策不确定性越高，员工薪酬越高。上述结论一定程度上表明工具变量的可行性。而在第二阶段中，本书发现，SALARY 薪酬变量在 5%水平上显著为负，这说明本章的研究结论仍然是成立的。

表 5-10　内生性处理结果

变量	LNTG	F.ETR
	第一阶段	第二阶段
SALARY		-0.050**
		(-2.52)
dum1	0.122**	
	(2.31)	
Gr	-2.807***	
	(-7.03)	
EPU	0.002***	
	(5.34)	
ETR	1.015***	0.188***
	(6.77)	(5.37)
SOE	0.251**	-0.018**
	(8.32)	(-2.48)
ROA	0.287***	-0.248***
	(1.40)	(-4.84)
SIZE	0.129***	-0.002
	(10.71)	(-0.51)
LEV	-2.73***	0.044***
	(-4.64)	(2.98)
TANG	-0.372***	-0.064***
	(-2.78)	(-2.78)
DOU	0.008	0.008
	(0.23)	(0.99)

续表

变量	LNTG	F.ETR
	第一阶段	第二阶段
GRO	0.095**	0.001
	(2.52)	(0.17)
IDB	-0.097	0.044
	(-0.37)	(0.82)
FRATE	0.001	-0.000
	(1.540)	(-0.54)
Constant	0.656***	0.656***
	(4.36)	(4.36)
行业	控制	控制
样本量	2777	2777
Adj_R^2	0.303	0.223

注：*、**、*** 分别表示检验在 10%、5%和 1%水平上显著。政策不确定指数来源于 Baker（2013）指数。这里只给出了员工离职的内生性处理结果，以员工生产能力与员工质量的回归结果类似，这里不一一列出。

5.6 本章小结

本章从员工行为的视角出发，以 2007~2016 年中国 A 股上市公司作为研究样本，研究了员工薪酬对员工离职、员工生产能力与员工知识结构的影响。本章的实证研究表明，员工薪酬越高，员工离职越小，员工生产能力越强，员工的质量越高。进一步，员工薪酬与员工行为之间的关系在非国有企业中才存在，而在国有企业中，两者的相关关系不显著。另外，员工薪酬与员工行为之间的关系在高新技术企业中显著，而在非高新技术企业中不显著。本章也进行了一系列其他的检验，也得到一系列结果。具体地，在管理层薪酬与员工薪酬存在严重不公平时，员工薪酬与员工行为之间的关系不显著。员工薪酬与员工行为之间的关系只有在杠杆—薪酬敏感性高的企业中存在。

本章的研究结论具有以下方面的启示：

第一，员工薪酬是影响员工离职、员工生产能力与员工质量的重要原因。

第二，本章发现员工薪酬对员工行为的影响在国有企业与非国有企业显著不同，这可能暗示着国有企业的员工可能存在某些更重要的因素影响他们的离职意愿与生产能力，比如国有企业工作稳定或存在其他的隐性福利。

第三，在中国，高新技术企业的员工有着较强的话语强，对于自身的薪酬有着较多的追求，所以员工薪酬与员工行为之间的关系更显著。

第四，如果一个企业管理层与员工薪酬之间差异巨大，即使增大了员工薪酬，员工的不公平性还是存在，他们离职意愿仍很强，他们的生产积极性也不高，所以员工薪酬与员工行为之间的关系在管理层与员工薪酬不平等性高的企业中不存在。

第五，企业杠杆率会影响员工薪酬，员工薪酬也会影响员工行为，相似地，如果一个企业杠杆率水平过高，员工感知风险增大，一旦薪酬得到满足，那么薪酬的增加才会改变员工行为，这就是所谓在高杠杆—薪酬敏感性的企业中，员工薪酬对于员工行为有着重要影响。

第6章 员工行为与企业价值相关关系的实证研究

本章结合中国资本市场与劳动市场特征，以成本理论等为基础提出相应的假设，利用中国上市公司数据，构建相应的回归模型，采用相关计量方法，在尽量控制内生性的情况下，实证检验员工行为与企业价值之间的关系，并进一步检验不同企业所有权性质、不同企业技术特征以及不同企业“杠杆—薪酬”敏感性对于上述关系的影响。

6.1 理论拓展与假设提出

本章将相关文献的主要结论进行精练，并以成本理论与组织行为等理论为基础进行阐述与推理，提出相应的研究假设。本章研究的内容可以概括为，员工行为（员工离职、员工生产能力与员工质量）与企业价值的关系，以及他们的关系是否受到企业所有权性质、企业技术特征与其他企业特征的影响。以下理论扩展与假设提出基于上述研究内容进行展开。

6.1.1 员工行为与企业价值

在员工离职方面，倪昌红和张洁慧（2015）对离职与企业组织、绩效的研究进行了统计，发现多数研究都肯定了离职对组织具有破坏性，因而会对企业绩效形成负面影响。理论解释有三种：成本视角（Daltondr and Todor，1979）、人力资本视角（Becker，2009）和社会资本视角（Leana and Van，1999）。成本视角认为，组织对员工离职进行管理的直接与间接成本比较高；人力资本视角强调伴随离职的组织知识和技能损失；社会资本理论视角则认为，离职员工可能破坏已形成的与之有关的企业内部团队关系和企业外部的社会资源，原有的社会关系与网络不可能在短时间内被替代。

事实上，人力资本和社会资本两种视角也是解释离职与企业价值间非线性关系的理论基础。员工离职对组织有负向影响的观点已经被多数研究证实。例如，组织整体离职率会显著降低销售业绩（Kacmar，2006）、成本效率（Alexander，1994）和生产率（Brownc and Medoef，1978）等。此外，也有研究表明，离职率的增加会损害顾客服务质量（Hausknecht，2009）、阻碍企业的绩效增长（Batt，2002）和带来企业的实物损失（Detert，2007）。与此形成对比的是，也有一些不同理论视角的研究认为，员工离职与企业绩效间并不是单一的负向线性关系，而是存在非线性关系，但这种关系却没有被清晰地刻画出来，因此相关的研究结论仍存在一定的局限性。但尽管具有很大争议，这些结论仍然被一些研究者接受。

秦江萍和谢江桦（2004）统计发现，人才流失给企业造成职位空缺、新员工上岗培训和调整适应真空期，由此带来的职位空缺成本和磨合期间的低效率等，这些间接成本都会使企业的效率受损。而员工离职带来的直接损失至少为流失员工年薪的 25%，甚至会大到员工年收入的 2~3 倍（Philips，1990）。身处企业层级越高、岗位越重要的人员的流失，带来的流动成本更高，甚至会在某种程度上限制企业的发展。降低员工流动率能够减少企业的招聘成本、培训成本等，从而提高企业绩效（程德俊和赵曙明，2006；曾庆生和陈信元，2006）。由此，本书认同员工离职率与公司未来业绩有着显著的负相关关系。

基于上述研究推断，员工的离职会造成企业的人力资本短缺压力，影响产出从而导致经营收益的减少；另外，员工的离职会造成企业寻找和培训优秀员工间接成本的增大，也会使企业绩效受损。因此，在成本视角下，在其他情况不变的情况下，由于员工离职增加了企业的成本，将会导致企业价值的降低。所以，本章提出如下研究假设：

假设 6–1a：员工离职率越高，企业价值越低。

员工的生产能力也能影响价值。由于企业与员工工作努力之间的信息不对称，员工可能存在一定的道德风险。因此，如果给予员工薪酬过低的话，即使他们不离职，他们也会削减劳动投入，包括偷懒、旷工等，最后导致企业价值降低。基于此，本部分提出如下的研究假设：

假设 6–1b：员工生产能力越高，企业价值越高。

相似地，生产技术是第一生产力，创新是企业的灵魂，高质量的员工能够促进企业的创新，从而提高企业的价值。事实上，随着一个企业员工质量与素质的提高，企业的创新相应增多，企业价值提升的可能性大大增加。高素质员工数量越多，企业价值得到提升的空间越大。基于此，本章提出如下研究假设：

假设 6-1c：员工质量越高，企业价值越高。

6.1.2 员工行为与企业价值：基于不同所有权性质影响

一方面，对于国有企业来说，员工的离职率通常较低，所以企业价值对于员工离职的敏感性较弱；另一方面，国有企业往往冗员过多，部分员工的离职并不能影响国有企业的正常运行。但对非国有企业而言，企业的资源配置往往与市场紧密结合，企业的运行往往处于平衡和接近最优的状态，一旦内部的均衡被打破，即员工离职率较高时，这些非国有企业的价值将会受到较大影响。所以本章提出如下研究假设：

假设 6-2a：相对于国有企业，非国有企业员工离职率对于企业价值的作用更强。

相似地，在员工生产能力方面，由于中国计划经济的影子还存在，国有企业的员工认为自身的工作是相对稳固的；另外，国有企业的晋升机制的变形，导致员工晋升激励的缺失，员工努力工作的动力不足，这些会导致员工生产能力低下。同时，国有企业由于自身的垄断地位，企业价值的提升大多依赖垄断收益与政府补贴，较少依靠员工的努力和高员工的知识产出。相反，对于民营企业，工作业绩的压力与岗位晋升的激励，会使员工生产能力积极性和主动性保持相当的水平；另外，缺乏外部环境支持的民营企业，只有发挥企业内部员工的生产能力，激发高质量员工的知识和创新产出，才能创造更多的价值。

基于上述分析，相对于国有企业来说，非国有企业员工离职率、员工生产能力和员工质量对企业价值的作用要强于国有企业。所以，本章提出如下研究假设：

假设 6-2b：相对于国有企业，非国有企业员工生产能力对于企业价值的作用更强。

假设 6-2c：相对于国有企业，非国有企业员工质量对于企业价值的作用更强。

6.1.3　员工行为与企业价值：基于不同企业技术特征影响

企业的技术特征在一定程度上影响了员工的离职率、员工生产能力与员工质量，继而会影响员工行为与企业价值之间的关系。对高科技企业而言，由于人力资本是该类企业最关键的资源，员工离职、员工生产能力与员工质量对于企业正常运行的影响要大于那些非技术性企业，所以对于企业价值的影响也是巨大的。

基于上述分析，在技术性较高的企业，企业价值的创造主要依据员工人力资本的贡献，一旦人才流失，将会对企业价值带来一定的影响。所以，本章提出如下假设：

假设 6-3a：相对于非技术型企业，技术型企业员工离职率对于企业价值的作用更强。

假设 6-3b：相对于非技术型企业，技术型企业员工生产能力对于企业价值的作用更强。

假设 6-3c：相对于非技术型企业，技术型企业员工质量对于企业价值的作用更强。

6.1.4 员工行为与企业价值的关系：基于不同杠杆—薪酬敏感性影响

在第 5 章中，我们已经讨论了杠杆—薪酬敏感性对于员工薪酬与员工行为关系的影响。相似地，杠杆—薪酬敏感性也会影响员工行为与企业价值的关系。原因如下：对于杠杆—薪酬敏感性高的企业，其员工维权意识和薪酬议价能力都较强，企业薪酬体系相对规范，员工行为效率高，也相对理性。这类企业价值受员工行为变化影响比较大。当企业员工的离职增加，员工生产能力与员工质量下降时，于企业而言是一种非常规状态，员工的上述行为将对企业价值产生较大不良影响。而对于杠杆—薪酬敏感性低的企业，企业的内部环境稍差，员工谈判能力较弱，较多地安于现状，员工行为通常处于低效率状态，其行为的改变对于企业价值影响不大。基于此，为了证实杠杆—薪酬敏感性对于员工行为与企业价值关系的影响，本章提出如下假设：

假设 6-4a：相对于敏感性低的企业，在杠杆—薪酬敏感性高的企业中，员工离职对于企业价值的影响更显著。

假设 6-4b：相对于敏感性低的企业，在杠杆—薪酬敏感性高的企业中，员工生产能力对于企业价值的影响更显著。

假设 6-4c：相对于敏感性低的企业，在杠杆—薪酬敏感性高的企业中，员工质量对于企业价值的影响更显著。

6.2　数据来源与样本选择

本节将着重介绍本章实证分析所使用的数据来源，以及样本的选择过程。

6.2.1　数据来源

本章的数据主要来源于 Wind、CSMAR、CCER 数据库，数据区间为 2007~2013 年。样本选择的具体过程如下：首先，从 Wind 数据下载企业财务数据，其中包括企业总负债、总资产、Tobin's Q、固定资产、员工人数、员工知识构成以及销售收入；其次，从 CSMAR 数据库下载企业公司治理情况变量，其中包括独立董事比例，第一个大股东持股比例，董事长是否两职兼任；最后，从 CCER 数据下载员工人数数据。具体数据如表 6-1 所示。

表 6-1　数据来源

数据类型	数据来源
财务指标	CSMAR 与 Wind 数据库
企业绩效	CSMAR 数据库
员工人数	CCER 数据库
员工薪酬	CSMAR 数据库
企业公司治理数据	CSMAR 数据库
企业所有权性质	Wind 数据库
行业信息	Wind 数据库

6.2.2 样本选择

选择 2007~2016 年上市公司样本，并剔除 ST 公司样本，金融行业公司样本以及数据存在缺失的样本，共得到 15762 个样本。随后，按照本章定义计算企业的离职率，并对离职率为负的样本进行删除，最终本章的研究样本总数为 3747 个，并对相应的连续变量进行 1%缩尾处理。

6.3 变量定义

本章主要的被解释变量为企业价值，本书采用 Tobin's Q，企业的市场价值与资本重置成本之比。Tobin's Q 可以作为衡量企业价值的变量，其原因在于这个指标反映了企业创造的价值与投入资产的成本之间的大小。如果 Tobin's Q 大于 1，表明企业为社会创造了价值，即企业价值高；反之，浪费了社会资源，企业价值小。

重要的解释变量如下：

员工行为，其在百度百科的定义是员工个体在生产、科研、管理、销售等企业活动中的表现和作为。在本书中以员工离职率、员工生产能力、员工质量作为员工行为的替代变量，分别描述员工离开、工作努力程度和高素质员工进入企业的状态。

员工离职率（ETR），据步丹璐和白晓丹（2013）的研究，本章通过对比 t+1 期员工人数和 t 期员工人数分析员工变动的情况，来衡量员工的离职程度，即员工离职率 ETR_{t+1} 为（t 期员工总人数-t+1 期员工总人数）/t 期员工总人数。

员工生产力（PRO），员工生产力即为单位员工的投入产出比。本书使用企业年末总收入与员工人数的比值来代替。这个比例反映出企业单位员工的收入创造能力，在一定程度上体现了员工的生产能力。但是，这个方法计算也存在一定的局限性，企业年末总收入与员工人数的比值这一变量所反映出的员工生产能力，会受到企业的特征的影响，如劳动密集型或者技术型，评价标准和结论会存在一定差异。

员工质量（QUA），员工的质量往往表现为员工知识结构与员工的技术能力。本书使用企业员工中研究生学历人数所占的比例来替代，这是因为员工的高学历往往体现出员工质量与素质的高低。然而，用这一定义进行度量也存在一定的局限，其原因是这个变量在年度上的变化相对较小，可能会影响本书的主要结论。

企业杠杆水平（LEV），本书选择负债总额与总资产的比值。

企业规模（SIZE），本书选择企业总资产（百万元）的对数作为企业规模。如果企业规模越大，拥有的资源越多，创造的价值的能力越高。

资本密集度（TANG），本章使用固定资产占总资产的比值来代替。

两职合一（DOU），虚拟变量，如果董事长与总经理两职兼任，则 DOU=1，其他，DOU=0。

营业收入增长率（GRO）。公司收入增长较快，企业价值也相应提升。本章用本年度营业收入总额与上年度营业收入总额之差与上年度营业收入的比值衡量收入增长率 GRO（刘慧龙等，2010）。

独立董事比例（IDB）。一般情况下，独立董事比例越高，公司治理水平越高，企业绩效越好。

第一大股东持股比例（FRATE）。一般情况下，第一大股东持股比例越大，有利于对管理层进行监督，从而提升企业业绩。

企业所有权性质（SOE）。本章定义当企业为国有企业时，SOE=1；反之，当企业为非国有企业时，SOE=0。

行业控制变量（Industry）。本章选择证监会行业分类，取行业分类的首字母，制造业则选择字母后两位数字。

年份控制变量（Year），选择 2007~2013 年中 6 个虚拟变量。

本章所有使用到的变量定义如表 6-2 所示。

表 6-2 变量定义

Tobin's Q	企业价值	企业的市场价值与资本重置成本之比
ETR	员工离职率	(t 期员工总人数-t+1 期员工总人数) /t 期员工总人数
PRO	员工生产力	企业年末总收入与员工人数的比值的对数
QUA	员工质量	企业员工中研究生学历人数所占的比例
LEV	企业杠杆水平	企业年末负债总和与年末总资产的比值
SOE	企业所有权性质	当企业为国有企业时，SOE = 1；反之，当企业为非国有企业时，SOE = 0
SIZE	企业规模	企业年末总资产（万元）的对数
TANG	资本密集度	年末固定资产占年末总资产的比值
DOU	两职合一	如果董事长与总经理两职兼任，则 DOU = 1，其他，DOU = 0
IDB	独立董事比例	独立董事与董事人数的比值
FRATE	第一大股东持股比例	年末第一大股东持股占总股本的比例
Year	年度变量	本章的样本区间为 2007~2013 年，存在 6 个年度虚拟变量
Industry	行业变量	以 2001 年证监会行业分类明细，制造业取代码首字母后两位数字，其他行业取首字母

6.4　计量模型

为了检验本章提出的四个研究假设，本章构建如下模型进行分析：一是基于全部样本，着重检验员工行为与企业价值的关系；二是按照企业所有权性质把全样本分组，分析在不同所有权性质下，员工行为对企业价值的影响差异；三是按照行业性质把全样本分组，比较在不同行业性质中，员工行为对企业价值的影响差异；四是按照杠杆与薪酬的敏感性进行分组，比较在不同敏感性组中，员工行为对于企业价值影响的差异。

相关基本模型如下：

$$TobinQ_{it} = \alpha + \beta_1 M_{it-1} + \beta_2 LEV_{it-1} + \beta_3 SIZE_{it-1} + \beta_4 TANG_{it-1} + \beta_5 DOU_{it-1} + \beta_6 GRO_{it-1} + \beta_7 IDB_{it-1} + \beta_8 FRATE_{t-1} + \beta_9 BOE_{it-1} + InAd + Year + \varepsilon_{it} \quad (6-1)$$

6.4.1　因变量

模型（6-1）的因变量为 Tobin's Q，企业价值，企业的市场价值与资本重置成本之比。

6.4.2　测试变量

在模型（6-1）中，测试变量 M 代表员工行为，主要包括三个替代变量：一是 ETR，即员工离职率，定义为（t 期员工总人数-t+1 期员工总人数）/t 期员工总人数。二是 PRO，即员工生产力，使用企业年末总收入与员工人数的比值来代替。三是 QUA，即员工质量，使用企业员工中研究生学历人数所占的比例来替代。如果变量 ETR 的系数显著小于 0。也就是说，式（6-1）中的 β_1 如果显著小于 0，则说明员工离职率越小，企业价值越高，即假设 6-1a 成立。如果变量 PRO 与 QUA 的系数显著大于 0。也就是说，式（6-1）中的 β_1 如果显著大于 0，说明员工生产能力越强，员工质量越高，企业价值越好，即假设 6-1b 与假设 6-1c 成立。

6.4.3 分组变量

本章将采用三个变量进行分组：

一是企业所有权性质变量。

二是企业技术特征变量，按照《国家重点支持的高新技术领域》把企业划分为高新技术企业与非高新技术企业。对于企业所有权性质变量，当企业是国有企业时，设 SOE=1，其他情况下，SOE=0。对于企业技术特征变量，当企业为高新技术企业，变量 HIGH=1，当企业为非高新技术企业，变量 HIGH=0。

三是定义杠杆与薪酬之间的敏感度，反映财务风险与员工薪酬之间的匹配程度，敏感性高的界定为：杠杆增加，薪酬增加；杠杆降低，薪酬降低。敏感性低的界定为：杠杆高，薪酬低；杠杆低，薪酬高。

6.5　实证分析

以下将进行本章的实证分析，主要包括样本的描述性统计分析、多元回归分析以及相应的稳健性检验。

6.5.1　描述性统计分析

表 6-3 为本章变量的描述性统计分析结果。对于中国上市公司来说，企业价值（Tobin's Q）的均值为 2.24，企业员工的平均年离职率为 28%，最小值为 0，最大值为 906%，两极分化十分严重。员工生产能力的均值为 13.6，研究生员工人数比例的均值为 3.69%，极小值为 0.02%，最大值为 44.5%，说明在不同的企业中，员工知识结构存在显著差异。另外，上市公司的平均杠杆率为 0.424，其最大值为 1.16，则说明，整体上，上市公司负债率较高，甚至相当一部分公司超额负债经营。对于其他控制变量，样本企业的平均规模（SIZE）为 2.21 亿元，国有企业占比（SOE）为 30.9%，企业资本密集度（TANG）的平均值为 0.955，企业的两职合一（DOU）的均值为 0.276，企业独立董事比例的均值为 36.9%，第一大股东持股比例的均值为 35.5%。企业的成长能力（GRO）为 0.26。

表 6-3　变量描述性统计分析

变量	样本	均值	中位数	标准差	极小值	极大值
Tobin's Q	3747	2.24	1.71	1.85	12.4	0.221
ETR	3747	0.28	0.119	0.729	9.06	0
PRO	3747	13.6	13.5	0.882	16.6	11.5
QUA（%）	1791	3.69	1.99	4.78	44.5	0.02
SOE	3747	0.309	0	0.462	1	0
SIZE	3747	21.9	21.8	1.1	25.7	19
LEV	3747	0.424	0.414	0.206	1.16	0.046
TANG	3747	0.955	0.966	0.0463	1	0.67
DOU	3747	0.276	0	0.447	1	0
GRO	3747	0.259	0.172	0.475	3.71	-0.456
IDB	3747	0.369	0.333	0.053	0.714	0.143
FRATE（%）	3747	35.5	34	15.1	89.4	3.62

6.5.2　相关性分析

表 6-4 给出了主要变量的相关性系数，从表 6-4 中系数看，本书可以得到，Tobin's Q 与 ETR 的相关系数为-0.14，且该系数在 1%水平上显著，Tobin's Q 与 PRO 的相关系数为 0.12，且该系数在 5%水平上显著，Tobin's Q 与 QUA 的相关系数为 0.06，且该系数在 10%水平上显著，说明员工离职率越高，员工生产能力越小，员工质量越低，企业价值越低，初步证实了假设 6-1 的正确性。另外，对于其他控制变量，规模越大，杠杆率越小，资本密集度越小，企业增长率越高，第一大股东持股比例越高的企业，企业价值越高。从其他控制变量之间的系数与显著性看，变量之间的共线性不严重。

表 6-4　主要变量的相关系数

	Tobin's Q	ETR	PRO	QUA	SIZE	LEV	TANG	DOU	GRO
Tobin's Q	1								
ETR	-0.14***	1							
PRO	0.12**	-0.10*	1						
QUA	0.06*	-0.04	0.13***	1					
SIZE	0.06*	-0.18*	0.08*	0.11*	1				
LEV	-0.15*	0.09*	-0.12**	-0.05	-0.01	1			
TANG	-0.097*	-0.11*	-0.09*	-0.07*	0.06*	0.13*	1		
DOU	-0.02	0.01	-0.03	-0.02	-0.12*	-0.06*	-0.08*	1	
GRO	0.12*	-0.01	0.08*	0.03	0.05*	-0.04**	-0.04**	-0.02	1

注：*、**、*** 分别表示检验在 1%、5%和 10%水平上显著。

6.5.3　多元回归分析

本节进一步通过构建多元回归模型来检验本章的主要结论。首先，利用主回归模型检验员工行为与企业价值之间的关系；其次，检验在不同的企业所有权性质、不同企业技术特征与不同的企业杠杆—薪酬敏感性下，员工行为与企业价值之间的关系是否存在差异。

在表 6-5 中，第（1）列为单独放入员工离职变量的回归结果，第（2）列为单独放入员工生产能力的结果，第（3）列为单独放入员工质量的结果，第（4）列为三个变量同时放入模型的回归结果。从第（1）列中可以看出，员工离职变量系数为 -1.059，系数在 5%水平上显著，且在第（4）列中也显著为负，则说明员工离职率越高，企业价值越小，即支持了假设 6-1a；相似地，员工生产能力变量 PRO 与员工质量变量 QUA 都在一定的显著性水平上显著为正，则说明员工生产能力越强，员工知识构成越高，企业价值越大，即支持了假设 6-1b 与假设 6-1c。对于其他控制变量，企业规模越大，杠杆率越低，资本密集度越小，收入增长率越高的企业，企业价值越高。

表 6-5　员工行为与企业价值关系检验回归结果

变量	(1)	(2)	(3)	(4)
	Tobin's Q	Tobin's Q	Tobin's Q	Tobin's Q
ETR (-1)	-1.059**			-1.871***
	(-2.13)			(2.89)
PRO (-1)		0.122**		0.101**
		(2.18)		(-2.14)
QUA (-1)			0.067***	0.070***
			(5.10)	(5.46)
SOE (-1)	-0.084	-0.086	-0.172*	-0.177**
	(-1.22)	(-1.25)	(-1.95)	(-2.01)
SIZE (-1)	-0.420***	-0.411***	-0.429***	-0.408***
	(-10.62)	(-10.67)	(-8.67)	(-8.30)
LEV (-1)	-3.005***	-2.970***	-2.470***	-2.419***
	(-13.72)	(-13.42)	(-9.15)	(-8.84)
TANG (-1)	-1.400*	-1.378*	-1.027	-0.920
	(-1.86)	(-1.85)	(-1.18)	(-1.06)
DOU (-1)	0.044	0.045	0.075	0.063
	(0.61)	(0.63)	(0.79)	(0.66)
GRO (-1)	0.227***	0.272***	0.253***	0.223**
	(2.80)	(4.00)	(3.15)	(2.44)
IDB (-1)	0.485	0.469	2.073***	2.165***
	(0.86)	(0.84)	(2.76)	(2.88)
FRAT (-1)	0.007***	0.008***	0.009***	0.010***
	(3.84)	(4.04)	(3.56)	(3.67)
年度	控制	控制	控制	控制
行业	控制	控制	控制	控制

续表

变量	(1)	(2)	(3)	(4)
	Tobin's Q	Tobin's Q	Tobin's Q	Tobin's Q
Constant	14.103***	14.146***	13.020***	13.169***
	(12.13)	(11.14)	(8.99)	(8.74)
样本量	2400	2411	1305	1294
Adj_R^2	0.462	0.462	0.505	0.506

注：***、**、* 分别表示检验在 1%、5%和 10%水平上显著。括号内为相应的 t 值，并经过怀特异方差调整。

为了进一步检验假设 6-2 与假设 6-3，本书对相应的子样本进行分析，具体按照企业的所有权性质把企业分为国有企业与非国有企业，按照《国家重点支持的高新技术领域》把企业划分为高新技术企业与非高新技术企业。根据中华人民共和国科学技术部 2008 年 4 月颁布的《高新技术企业认定管理办法》国家级高新技术企业是指在《国家重点支持的高新技术领域》内，持续进行研究开发与技术成果转化，形成企业核心自主知识产权，并以此为基础开展经营活动，在中国境内（不包括港、澳、台地区）注册 1 年以上的居民企业。具体包括电子信息技术、生物与新医药技术、航空航天技术、新材料技术、高技术服务业、新能源及节能技术、资源与环境技术、高新技术改造传统企业。按照企业杠杆与薪酬之间的敏感性把企业分为高敏感性与低敏感性企业。具体结果如表 6-6 与表 6-7 所示。

表 6-6 给出了企业在不同的所有权性质下，员工行为与企业价值的关系。第(1)~(2) 列为员工离职变量的回归结果，第(3)~(4) 列为员工生产能力的结果，第 (5)~(6) 列为员工质量的结果。从结果我们可以看到，员工离职变量 (ETR) 在国

表 6-6　企业所有权性质、员工行为与企业价值关系检验回归结果

变量	(1)	(2)	(3)	(4)	(5)	(6)
	SOE=0	SOE=1	SOE=0	SOE=1	SOE=0	SOE=1
	Tobin's Q	Tobin's Q	Tobin's Q	Tobin's Q	Tobin's Q	Tobin's Q
ETR (−1)	−1.578**	−0.531				
	(−2.25)	(−0.91)				
PRO (−1)			0.109**	0.055		
			(2.06)	(1.16)		
QUA (−1)					0.075***	0.009
					(3.89)	(1.32)
SIZE (−1)	−0.508***	−0.314***	−0.496***	−0.333***	−0.586***	−0.225***
	(−8.89)	(−6.28)	(−8.69)	(−6.90)	(−8.15)	(−3.65)
LEV (−1)	−2.922***	−3.189***	−2.885***	−3.222***	−1.894***	−3.296***
	(−11.04)	(−9.16)	(−10.74)	(−8.94)	(−5.66)	(−8.31)
TANG (−1)	−2.579*	−0.399	2.492*	−0.439	−0.252	0.048
	(−1.75)	(−0.52)	(−1.70)	(−0.58)	(−0.13)	(0.06)
DOU (−1)	−0.062	0.350*	−0.061	0.353*	0.127	−0.008
	(−0.83)	(1.84)	(−0.81)	(1.87)	(1.23)	(−0.04)
GRO (−1)	0.167	0.309**	0.246***	0.286**	0.175*	0.366**
	(1.50)	(2.48)	(2.91)	(2.27)	(1.81)	(2.46)
IDB (−1)	1.657**	−1.013	1.585*	−1.128*	3.039***	0.765
	(2.02)	(−1.50)	(1.96)	(−1.65)	(3.15)	(0.71)
FRAT (−1)	0.011***	0.001	0.011***	−0.001	0.014***	−0.006
	(4.53)	(0.17)	(4.69)	(−0.16)	(4.56)	(−1.26)
年度	控制	控制	控制	控制	控制	控制
行业	控制	控制	控制	控制	控制	控制
Constant	16.312***	10.536***	16.731***	9.628***	14.581***	8.904***
	(8.38)	(7.76)	(8.22)	(6.00)	(5.83)	(6.45)
样本量	1664	736	1674	737	866	439
Adj_R^2	0.462	0.479	0.462	0.482	0.518	0.506

注：***、**、* 分别表示检验在 1%、5%和 10%水平上显著。括号内为相应的 t 值，并经过怀特异方差调整。

有企业与非国有企业组中都显著为负，但是在非国有企业中的系数绝对值大于国有企业组的系数，另外员工生产能力变量（PRO）与员工质量变量（QUA）系数都只在非国有企业中显著，而在国有企业组中不显著。上述结果说明，员工行为与企业价值的关系在非国有企业中更显著，即支持了假设 6-2a、假设 6-2b、假设 6-2c。

表 6-7 给出了不同企业技术特征下，员工行为与企业价值的关系。第（1）~（2）列为员工离职变量的回归结果，第（3）~（4）列为员工生产能力的回归结果，第（5）~（6）列为员工质量的回归结果。从结果我们可以看到，员工离职变量（ETR）与员工质量变量（QUA）系数都只在高新技术组中显著，而在非高新技术组中不显著。对于员工生产能力变量（PRO）只在高新技术中显著为正，在一定程度上能够说明员工生产能力在高新技术组中的作用更显著。上述结果说明，员工行为与企业价值的关系在高新技术组中更显著，即支持了假设 6-3a、假设 6-3b、假设 6-3c。其他控制变量的系数与主回归结果一致。

在第 5 章中，我们已经讨论了杠杆—薪酬敏感性对于员工薪酬与员工行为关系的影响。相似地，杠杆—薪酬敏感性也会影响员工行为与企业价值的关系。为了进一步检验这个假设，本书构建了杠杆—薪酬敏感性变量，并按照它们调整的方向进行区分，分为杠杆—薪酬敏感性高与低组。具体的结果如表 6-8 所示。

表 6-7 企业技术特征、员工行为与企业价值关系检验回归结果

变量	(1)	(2)	(3)	(4)	(5)	(6)
	非高新	高新	非高新	高新	非高新	高新
	Tobin's Q	Tobin's Q	Tobin's Q	Tobin's Q	Tobin's Q	Tobin's Q
ETR (-1)	-0.009	-0.103**				
	(-0.78)	(-2.11)				
PRO (-1)			-0.019	0.116*		
			(-0.76)	(1.72)		
QUA (-1)					0.028***	0.134***
					(2.86)	(6.07)
SoE (-1)	-0.174**	0.059	-0.167**	0.051	-0.113	-0.277*
	(-2.14)	(0.47)	(-2.07)	(0.41)	(-1.05)	(-1.86)
SIZE (-1)	-0.376***	-0.496***	-0.361***	-0.529***	-0.295***	-0.531***
	(-7.77)	(-7.25)	(-7.79)	(-7.46)	(-5.17)	(-6.91)
LEV (-1)	-2.910***	-3.166***	-2.812***	-3.154***	-2.943***	-1.861***
	(-10.61)	(-9.21)	(-10.41)	(-9.01)	(-8.96)	(-4.78)
TANG (-1)	-3.323***	1.097	-3.182***	0.973	-2.960***	0.850
	(-3.14)	(1.01)	(-3.07)	(0.90)	(-2.94)	(0.61)
DOU (-1)	-0.056	0.194	-0.047	0.201*	0.102	-0.045
	(-0.62)	(1.63)	(-0.52)	(1.67)	(0.82)	(-0.32)
GRO (-1)	0.210**	0.237	0.241***	0.306***	0.354***	0.159
	(2.37)	(1.60)	(2.84)	(2.76)	(3.84)	(1.18)
IDB (-1)	0.604	0.339	0.706	0.337	1.765*	2.278*
	(0.88)	(0.33)	(1.04)	(0.34)	(1.87)	(1.80)
FRAT (-1)	0.008***	0.006**	0.008***	0.006**	0.006*	0.011**
	(3.08)	(1.97)	(3.23)	(1.98)	(1.92)	(2.54)
年度	控制	控制	控制	控制	控制	控制
行业	控制	控制	控制	控制	控制	控制
Constant	14.663***	12.822***	15.797***	11.996***	11.935***	11.859***
	(9.86)	(6.96)	(10.01)	(5.90)	(8.68)	(4.82)
样本量	1362	1038	1367	1044	719	586
Adj_R^2	0.445	0.488	0.450	0.486	0.505	0.535

注：***、**、* 分别表示检验在 1%、5%和 10%水平上显著。括号内为相应的 t 值，并经过怀特异方差调整。

表 6-8　杠杆—薪酬敏感性、员工行为与企业价值关系检验回归结果

变量	(1)	(2)	(3)	(4)	(5)	(6)
	敏感性低	敏感性高	敏感性低	敏感性高	敏感性低	敏感性高
	Tobin's Q	Tobin's Q	Tobin's Q	Tobin's Q	Tobin's Q	Tobin's Q
ETR（-1）	-0.176	-1.331***				
	(-0.42)	(-3.12)				
PRO（-1）			0.012	0.031		
			(0.42)	(1.54)		
QUA（-1）					0.037	0.092*
					(0.97)	(1.93)
SIZE（-1）	-0.720***	-0.992***	-0.713***	-1.037***	-0.645***	-1.129***
	(-8.04)	(-10.10)	(-7.91)	(-10.39)	(-4.75)	(-7.67)
LEV（-1）	0.557	1.789***	0.577	1.937***	-0.716	1.624**
	(1.46)	(4.76)	(1.51)	(5.04)	(-1.13)	(2.34)
TANG（-1）	-0.475	0.714	-0.511	0.540	1.671	2.760*
	(-0.74)	(1.03)	(-0.79)	(0.72)	(1.19)	(1.80)
DOU（-1）	-0.202	-0.092	-0.207	0.041	-0.292	-0.404
	(-1.13)	(-0.41)	(-1.14)	(0.17)	(-0.95)	(-0.89)
GRO（-1）	0.052	-0.125	-0.017	-0.138	-0.257	-0.052
	(0.40)	(-1.08)	(-0.11)	(-1.18)	(-1.18)	(-0.37)
IDB（-1）	0.566	2.323	0.092	2.940**	-2.359	1.911
	(0.39)	(1.60)	(0.06)	(1.99)	(-1.19)	(0.60)
FRAT（-1）	0.001	-0.002	0.001	-0.004	0.014	-0.003
	(0.20)	(-0.45)	(0.12)	(-0.70)	(1.17)	(-0.34)
年度	控制	控制	控制	控制	控制	控制
行业	控制	控制	控制	控制	控制	控制
Constant	14.663***	12.822***	15.797***	11.996***	11.935***	11.859***
	(9.86)	(6.96)	(10.01)	(5.90)	(8.68)	(4.82)
样本量	1214	1785	1217	1789	708	575
Adj_R^2	0.414	0.417	0.466	0.479	0.521	0.547

注：***、**、* 分别表示检验在 1%、5%和 10%水平上显著。括号内为相应的 t 值，并经过怀特异方差调整。

表 6-8 给出了不同杠杆—薪酬敏感性下，员工行为与企业价值的关系。第（1）~（2）列为员工离职变量的回归结果，第（3）~（4）列为员工生产能力的结果，第（5）~（6）列为员工质量的结果。从结果可以看到，员工离职变量（ETR）与员工质量变量（QUA）系数都只在杠杆—薪酬敏感性高组中显著，而在杠杆—薪酬敏感性低组中不显著。上述结果支持了假设 6-4a、假设 6-4c。而对于员工生产能力变量（PRO）在两组中系数都不显著，但在高新技术组中，PRO 的显著性较大，在一定程度上能够说明员工生产能力在高新技术组中的作用更显著。其他控制变量的系数与主回归结果一致。

6.5.4 稳健性检验

6.5.4.1 企业绩效的其他度量

本节采用其他变量对企业价值进行度量，即采用会计业绩 ROA 来进行替代，相关结果没有发生实质性变化，具体如表 6-9 所示。表 6-9 只给出了员工离职与 ROA 之间的关系回归结果，可以看到，在主回归模型中，ETR 变量在 10%水平上显著为负，同时，该变量只在非国有企业与高新技术组显著为负，这与之前的结论相似。另外，对于员工行为中的员工生产能力与员工质量与 ROA 之间的关系的结论也是相同的，这里不一一列出。

6.5.4.2 内生性处理

员工离职与企业绩效之间可能存在一定的反向因果，为了控制这种内生性，本节将采用两阶段最小二乘法进行回归。所以，本节选择一阶段的工具变量为相应的劳动合同法的颁布的

表 6-9　员工行为与 ROA 关系检验回归结果

变量	(1)	(2)	(3)	(4)	(5)
		SOE=0	SOE=1	非高新	高新
	ROA	ROA	ROA	ROA	ROA
ETR (-1)	-0.104**	0.283**	0.142	-0.258	-0.352*
	(-1.98)	(2.14)	(1.07)	(-1.11)	(1.84)
SOE (-1)	-0.136			-0.218	-0.288
	(-0.49)			(-0.68)	(-0.53)
SIZE (-1)	0.808***	0.912***	0.568**	0.503**	1.198***
	(4.95)	(4.09)	(2.29)	(2.13)	(5.15)
LEV (-1)	-9.474***	-9.396***	-9.202***	-7.705***	-11.692***
	(-10.87)	(-8.69)	(-6.00)	(-6.32)	(-10.03)
TANG (-1)	-0.010	-1.734	5.994	-1.961	0.937
	(-0.00)	(-0.32)	(1.44)	(-0.52)	(0.17)
DOU (-1)	-0.355	-0.471*	0.396	-0.969***	0.737*
	(-1.36)	(-1.73)	(0.56)	(-2.92)	(1.78)
GRO (-1)	2.042***	2.293***	1.757***	2.230***	1.743***
	(5.32)	(4.81)	(3.05)	(4.18)	(3.27)
IDB (-1)	-2.935	-2.565	-0.601	-2.270	-2.802
	(-1.28)	(-0.83)	(-0.18)	(-0.79)	(-0.71)
FRAT (-1)	0.028***	0.038***	0.016	0.019*	0.041***
	(3.57)	(3.90)	(1.19)	(1.82)	(3.21)
年度	控制	控制	控制	控制	控制
行业	控制	控制	控制	控制	控制
Constant	-7.183	-6.914	-6.951	0.505	-16.479**
	(-1.49)	(-1.02)	(-1.04)	(0.08)	(-2.47)
样本量	2459	1707	752	1399	1060
Adj_R²	0.166	0.157	0.195	0.129	0.224

注：***、**、* 分别表示检验在 1%、5%和 10%水平上显著。括号内为相应的 t 值，并经过怀特异方差调整。这里给出了 ETR 的回归结果，其他变量的结果类似。

时间变量 dum2，定义在 2008 年后，dum2=1；反之 dum2=0。主要原因在于，2008 年《劳动法》保证了员工的权益，这减小了员工的离职率。另外的工具变量则为企业所有权性质（SOE）与 GDP 增长率（GDP）。相关内生性结果见表 6-10。表 6-10 中第（1）列为第一阶段回归结果，发现三个工具变量都在一定的水平上显著，即劳动法颁布能够减小员工离职，GDP 增长率越大，员工离职率较低，国有企业的员工离职率越低。上述结论一定程度上表明工具变量的可行性。而在第二阶段中，我们发现，ETR 员工离职变量在 10%水平上显著为负，说明本章的研究结论仍然是成立的。

表 6-10　内生性处理结果

变量	（1）	（2）
	ETR	F.ROA
	第一阶段	第二阶段
ETR（-1）		-0.291*
		(-1.72)
SOE（-1）	-0.182***	
	(-3.25)	
GDP	-0.003*	
	(-1.77)	
dum2	-0.19***	
	(-2.68)	
SIZE（-1）	-0.015***	-0.000
	(-6.68)	(-0.19)
LEV（-1）	0.041***	-0.021**
	(4.92)	(-2.29)
TANG（-1）	-0.075***	-0.053***
	(-4.63)	(-3.14)

续表

变量	(1)	(2)
	ETR	F.ROA
	第一阶段	第二阶段
DOU (-1)	0.010	0.009*
	(-1.50)	(1.88)
GRO (-1)	-0.007	0.007*
	(-1.52)	(-1.72)
IDB (-1)	0.123***	0.003
	(2.70)	(0.06)
FRATE (-1)	-0.000***	0.000
	(-2.53)	(0.25)
行业	控制	控制
Constant	0.460***	0.067
	(7.90)	(-0.80)
样本量	2806	2806
Adj_R^2	0.085	0.091

注：*、**、*** 分别表示检验在 10%、5%和 1%水平上显著。这里只给出了 EIR 的结果，其他结果类似。

6.6　本章小结

本章以企业经营的终极目标为研究落脚点，以 2007~2013 年中国 A 股上市公司作为研究样本，研究了员工行为（员工离职、员工生产能力与员工质量）对企业价值的影响。本章的实证研究表明，员工离职率越高，员工生产能力越弱，员工质量越低，企业价值越小。进一步地，员工行为与企业价值之间的关系在非国有企业中才存在，而在国有企业中，两者的负相关关系不显著。另外，员工行为与企业价值之间的关系在高新技术企业中显著，而在非高新技术企业中不显著。同时，对于杠杆—薪酬敏感性低的企业，员工行为与企业价值之间的关系不显著，其只在杠杆—薪酬敏感性高的企业中两者关系才存在。本章也进行了一系列稳定性的检验，结论仍然成立。

本章的研究结论具有以下方面的启示：

首先，员工行为是影响企业价值的重要因素，所以控制员工的离职率、提高员工的生产能力、优化员工的知识结构对于提高企业价值有着重要作用。

其次，对于杠杆—薪酬敏感性比较高的企业，员工行为对于企业价值有显著影响。由于薪酬激励的核心在于确定薪酬与绩效之间的关系，来自杠杆—薪酬的不满会作用于员工行为而最终影响企业的价值。因此，建立合理的风险—薪酬匹配度不仅是薪酬设计的一个尝试，对促进员工积极行为从而促使企业价值的提升有重要意义。

第 7 章　研究结论与政策建议

本章是全书的研究结论与政策建议部分，首先，简要地概括了本书的研究结论；其次，根据研究结论提出对应的政策建议；最后，总结了本书的研究局限以及未来的研究方向。

7.1　研究结论

本书以理论分析与实证检验相结合的方法进行研究。

理论分析部分，首先，本书结合利益相关者理论、委托代理理论、薪酬激励理论、资本结构理论以及破产风险补偿理论和企业价值理论分析资本结构与员工薪酬、员工薪酬与员工行为、员工行为与企业价值的关系，并提炼出相应的假设。其次，本书基于企业所有权性质、企业技术特征与企业杠杆率—员工薪酬敏感度分别预测上述两两关系在不同分组中的差异，理论分析上述关系的差异，并提出相应假设。

实证分析部分，本书在收集中国上市公司数据的基础上，借鉴金融计量经济学、会计学和统计学等相关领域的标准方法和最新研究成果，构建计量模型对相应的研究假设进行检验分析，具体包括多元回归方法、统计描述等分析法。针对不同的研究主题，采用不同的回归模型以及不同的稳健性检验方法进行分析，从而使研究结论更加稳健。同时，结合中国资本市场与劳动力市场的背景以及相应的实证研究结果，提出相应的政策建议。

在整体上，企业杠杆率与员工薪酬之间有着显著的正相关关系。也就是说，企业杠杆率越高，员工薪酬越高，员工拥有一定的薪酬影响能力，企业存在基于财务杠杆风险的薪酬补偿；员工薪酬对员工行为有显著影响，薪酬的提升能够降低员工的离职率、提高员工的生产能力以及改善员工的知识结构；员工行为也能影响企业价值，当员工离职率越低，员工生产能力越高以及员工质量越高时，企业价值越大。另外，上述三者关系会受到不同企业所有权性质、不同企业技术特征以及其他企业特征的影响。

7.1.1 资本结构与员工薪酬

从资本结构的视角出发，以 2007~2016 年中国 A 股上市公司作为研究样本，研究了上市公司资本结构对员工薪酬的影响。资本结构因暗含了人力资本的破产成本而将看似不存在紧密关系的资本结构和员工薪酬连接起来，破产可能带来的人力资本损失由于杠杆率的提高而增大，人力资本对薪酬的要求会提升，作为一种风险补偿机制，薪酬将受到资本结构所预示的风险高低的影响，它们之间存在一种相关关系。该种关系在国外的相关文献中被证实存在，在本书中也得到有效检验。本章的实证研究表明，企业资本结构对员工薪酬有显著的正向影响；国有企业资本结构与员工薪酬之间呈负相关关系，但这种关系不显著，非国有企业资本结构与员工薪酬之间呈正相关关系；相对于非技术型企业，高科技企业资本结构对员工薪酬的正向影响更加显著。另外，相对于财务困境企业，在财务安全的企业中，资本结构与员工薪酬的关系更显著。

7.1.2　员工薪酬与员工行为

从员工行为的视角，以员工离职、员工生产能力与员工知识结构为切入点，以 2007~2016 年中国 A 股上市公司作为研究样本，研究了员工薪酬对员工行为的影响。本书的实证研究表明，员工薪酬越高，员工离职率越低、员工生产能力越高、员工质量越高。进一步地，员工薪酬与员工行为之间的关系在非国有企业中才存在，而在国有企业中，两者的相关关系不存在。另外，员工薪酬与员工行为之间的关系在高新技术企业中更显著，而在非高新技术企业中显著性低。在进行了一系列其他的检验后也得到相应结果。

第一，在管理层薪酬与员工薪酬存在严重不公平时，员工薪酬与员工行为之间的关系不显著，员工薪酬与员工行为之间的关系只有在高管薪酬与员工薪酬不公平性低的企业中存在。

第二，相对于杠杆—薪酬敏感性低的企业，在杠杆—薪酬敏感性高的企业中，员工薪酬对员工行为的影响更显著。这意味着薪酬对员工行为的影响存在多个维度，除了薪酬数额本身，还包括薪酬分配的公平性，以及薪酬与企业风险匹配的程度。合理的薪酬安排应该是考虑到员工多个维度的需要。良好的薪酬制度设计体现了企业以人为本的内部环境，在这样一个环境中，员工的积极行为才能得到更好的激发。

7.1.3 员工行为与企业价值

从企业经营的最终目标出发，以 2007~2016 年中国 A 股上市公司作为研究样本，研究了员工行为对企业价值的影响。本书的实证研究表明，员工行为是影响企业价值的重要因素，所以控制员工的离职率、提高员工的生产能力、优化员工的知识结构对提高企业价值有着重要作用。当员工离职率越高，员工生产能力越低以及员工质量低时，企业价值会降低。进一步，员工行为与企业价值之间的关系在非国有企业中才存在，而在国有企业中，两者的负相关关系不存在。另外，员工行为与企业价值之间的关系在高新技术企业中显著，而在非高新技术企业中不显著。同时，相对于杠杆—薪酬敏感性低的企业，在杠杆—薪酬敏感性高的企业中，员工行为对于企业价值的影响更显著。可见，良好的薪酬安排是一个企业以人为本的体现，在相对市场化的企业氛围中，员工行为的持续优化对企业价值的影响巨大。

7.1.4 资本结构与企业价值

以资本结构为起点研究员工薪酬对企业价值的影响，借助人力资本破产风险补偿这一假说，将资本结构与员工薪酬衔接起来，又经由杠杆—薪酬敏感性将员工薪酬与员工行为、员工行为与企业价值连接起来。本书最终建立了资本结构——员工薪酬——员工行为——企业价值的研究路径。这一链式递进关系为资本结构影响企业价值的研究提供了一个新的思路和证据。

7.2　政策建议

7.2.1　员工薪酬

首先，我国上市公司存在基于破产风险的人力资本保护，企业应以适当的方式将这一利益保护机制常态化、规范化，建立企业风险与薪酬合理匹配关系。资本结构与员工薪酬呈显著正相关关系，说明薪酬一定程度上体现了对高财务风险的补偿。但考虑到员工参与薪酬决策的力度还不强大，因此，这一风险补偿机制的作用机理还不十分明确，企业应重视这一现象，将该项补偿机制制度化、明确化。

其次，合理控制管理层和员工之间的薪酬差距。过高的高管—员工薪酬差距会增加员工的不公平感，从而影响员工行为。当员工积极的行为转化为消极怠工、不思进取甚至辞职离开时，对个人、企业和社会都是一种效率损失。

最后，注重补偿，适度举债。当企业面临财务困境时，往往会抑制员工的薪酬需求，从而使员工利益受损。为弥补这种损失，企业应在财务状况安全的状态下注重员工的薪酬补偿。同时，适度举债以降低财务风险及由此引发的人工成本。

7.2.2 国有企业改革

首先，建立市场化的薪酬决定和激励机制。资本结构对员工薪酬的影响在国有企业和非国有企业存在显著差异，在非国有企业两者正相关，而在国有企业两者负相关，但不显著，这可能暗示着国有企业的员工薪酬与其承担的风险并不匹配，制度因素可能是这背后的主要诱因。可能的解释是：一方面，国有企业的债务刚性约束不强，使破产风险并不与杠杆率相当；另一方面，国有企业轻松稳定的工作状态、更高的薪酬与更多的隐性福利，使薪酬本身已不足以作为激励机制发挥作用。因此，规范国有企业的收入分配制度，通过市场化改革理顺劳动关系，让国企员工回归市场，打破国企员工收入的优越性，建立业绩匹配、风险匹配的薪酬决定机制是改革的主方向。

其次，加强人力资源管理的考评和晋升机制。员工薪酬对员工行为的影响在国有企业与非国有企业显著不同，这暗示着国有企业的员工可能存在某些更重要的因素影响他们的行为决策，比如国有企业工作稳定，工作压力小，考评机制相对宽松，晋升机制受个人能力影响较小等。如果企业内考评机制设置不合理，则企业的人力资源管理措施就会失去效果，员工工作的主动性和创新性不强，企业内部运营必然呈现低效率，这也是国有企业长期盈利能力不强的一个重要原因。因此，企业应建立科学合理的考评和晋升制度，遵循公平、公正的原则，综合评价岗位价值，重视与业绩匹配的晋升机制，激励员工的自我提升和自我实现，促进企业内部的相互信任与协作，从而减少离职，提高工作满意度，最终提高企业绩效。

7.2.3 员工培训

企业应结合员工的职业发展规划建立职业培训体系。

首先，从工作满意度来说，越来越多的员工开始注重是否能从企业获得持续的个人能力提升，良好的职业培训对于员工职业生涯的发展有积极的促进作用，会显著增加员工的工作满意度并提高组织承诺。

其次，从企业效率看，知识的更新和技能的提高有利于员工生产能力和个人素质的提升，有利于企业创新能力的增强，对于企业来说也是一项面向未来的人力资源投资，对提升企业价值有重要意义。

再次，企业是最基本的社会组织之一，除了缴纳税费、争取价值最大化之外，也应承担相应的社会责任。企业为员工提供系统、持续的职业培训，帮助员工建立和实现职业生涯规划，既是企业员工的一项福利，也是企业一项积极的社会贡献，能够使社会总体福利获得提高。

最后，在中国，非技术型企业员工的职业防御能力较弱，高科技企业员工的利益保护要强于非技术型行业，人力资本的个人特征在薪酬决定机制中发挥了较关键的作用。在当前员工集体薪酬议价能力普遍低下的现状下，员工只有加大自身的人力资本投入，才能提高薪酬的议价能力。

7.2.4 企业文化

建立以人为本的企业文化。员工行为的激励和改善也可以提高企业价值，这充分证明了员工的重要性，也证实了利益相关者理论的正确性。这一发现也意味着利益相关者理论与企业价值理论的相辅相成，注重员工利益的保障应上升为企业战略层面的目标。杠杆—薪酬的敏感性体现了企业风险—补偿的匹配程度，高管—员工的薪酬差异一定程度上也体现了企业薪酬分配公平的程度，它们都是企业内部氛围的一种体现。营造良好的企业氛围能让员工感受到人文关怀，提升工作满意度，激发积极的工作状态。企业还应加强与员工的互信，培育稳定的雇佣关系。企业的互信关系有助于知识的分享，员工间的知识分享及协作有助于企业创新的实现和企业绩效的提升。员工稳定、积极的工作状态和员工质量的优化最终能够转化为企业价值增长的动力。

7.3 研究局限与展望

7.3.1 研究局限

第一，理论方面，本书研究了资本结构、员工薪酬、员工行为与企业价值四个方面的关系。对于这个庞大的工程，笔者在理论分析的过程中还存在一定的不足，尤其是结合企业所有权性质、企业技术特征及其他方面对上述关系影响的理论分析中还比较薄弱，这在一定程度上可能会减小本书结论的解释力。

第二，度量方法上，本书在对一些变量的度量上还存在一定的缺陷。比如，员工离职率，国际上通行的衡量员工离职率的方法为员工离职率＝离职人数/［（期初员工人数＋期末员工人数）/2］。但由于这种度量方法要求拥有企业的年离职人数，而该数据对于企业来说是相当保密的，在企业的年报中没有该类数据披露。因此，本书通过对比 t+1 期员工人数和 t 期员工人数分析员工变动的情况，来衡量员工的离职程度，即员工离职率 ETR_{t+1} 为（t 期员工总人数−t+1 期员工总人数）/t 期员工总人数。这种方法仅仅度量了每个企业观测到的年末员工的静态改变，并不能度量企业在年中动态的改变。所以，这个度量方式的偏误可能会造成本书研究结论的偏差。另外，在员工薪酬的度量上，也存在一定的局限性，员工薪酬不仅包括短期薪酬，还包括员工持股和其他员工福利等，在某些行业，员工薪酬持股占据重要地位，这可能与本书定义的员工薪酬存在一定的偏差。但事实上，直到 2012 年证监会才发布《上市公司员工持股计划管理暂行办法》，明确了上市公司员工持股的披露方法。也就是说，2012 年后，才有着正式的员工持股可能，并且从 2014 年开始员工持股才大规模实现。相似地，员工行为度量仍缺少相应的文献支撑。

第三，员工薪酬影响企业价值的路径存在多条，本书只考虑了员工行为这一路径，而忽略了其他路径，这在一定程度上减弱了员工重要性的检验。

第四，企业虽然在总体上存在基于破产风险的薪酬补偿，但其作用机制尚不明确，可能会影响关于员工薪酬谈判能力的解释力度。

7.3.2 研究展望

员工是企业创造力的源泉，是企业重要的价值创造者，企业的稳定运营与发展壮大都离不开员工的主动性投入。而员工作为经济人，其向企业贡献智力与体力的同时，必然要求企业支付与其付出相当的回报，并以回报满意度作为自己是否持续努力以及工作去留的决策依据。因此，如何做好员工权益保障，激励员工努力工作成为理论界和实务界共同关注的课题。在新的《劳动法》等一系列员工保护法律的颁布下，员工权益保护得到了不断加强。但是，员工薪酬影响因素以及员工薪酬的经济后果的研究还没有完全得到开展，这给未来研究提供更多、更好的研究素材。

第一，从不同的角度，进一步深入探讨保护员工权益的重要性。比如，从企业社会责任角度分析企业对员工承担的社会责任出发，分析员工的重要性。

第二，从不同的角度分析员工薪酬影响企业价值路径与机理机制，从而进一步确定员工的重要性。

第三，进一步从外部监管与经济环境等因素分析影响“资本结构—员工薪酬—员工行为—企业价值”这一链条关系是否受到影响，进而提出具有建设性的意见。

第四，在杠杆—薪酬敏感性对员工行为和企业价值的影响方面，在低杠杆—薪酬敏感性状态下，进一步区别高杠杆—低薪酬和低杠杆—高薪酬的企业特征，检验其对上述二者关系的影响差异，从而提出建设性意见。

参考文献

［1］步丹璐，白晓丹. 员工薪酬、薪酬差距和员工离职［J］. 中国经济问题，2013（1）：100-108.

［2］蔡昉. 中国劳动力市场发育与就业变化［J］. 经济研究，2007（7）：4-14.

［3］曾庆生，陈信元. 国家控股、超额雇员与劳动力成本［J］. 经济研究，2006（5）：74-86.

［4］陈德萍，曾智海. 资本结构与企业绩效的互动关系研究——基于创业板上市公司的实证检验［J］. 会计研究，2012（8）：66-71.

［5］陈冬华. 国有企业中的薪酬管制与在职消费［J］. 经济研究，2005（2）：92-101.

［6］陈冬华，陈富生，沈永建，尤海峰. 高管继任、职工薪酬与隐性契约——基于中国上市公司的经验证据［J］. 经济研究，2011（增2）：100-111.

［7］陈冬华，范从来，沈永建，周亚虹. 职工激励、工资刚性与企业绩效——基于国有非上市公司的经验证据［J］. 经济研究，2010（7）：116-129.

［8］陈冬华，梁上坤，蒋德权. 不同市场化进程下高管激

励契约的成本与选择：货币薪酬与在职消费［J］. 会计研究，2010（11）：56-64.

［9］陈弋. 中国企业的工资差异和所有制结构［J］. 世界经济文汇，2005（6）：11-31.

［10］程德俊，赵曙明. 工作系统与企业绩效：人力资本专用性和环境动态性的影响［J］. 管理世界，2006（3）：86-93.

［11］程恩富. 关于我国企业职工权益保护状况的调研报告［J］. 经济经纬，2009（1）：75-82.

［12］程浩. 资本结构、在职消费与企业投资——来自我国垄断企业的经验证据［J］. 宏观经济研究，2013（2）：61-79.

［13］储小平，盛琼芳. 组织变革、心理所有权与员工主动离职研究——兼论 Lee 和 Mitchell 的员工离职展开模型［J］. 中山大学学报，2010（3）：156-163.

［14］崔勋. 员工个人特性对组织承诺与离职意愿的影响研究［J］. 南开管理评论，2003（4）：4-11.

［15］董登新. 中国企业融资体系 30 年大变迁［J］. 国际融资，2010（12）：58-62.

［16］方军雄. 高管权力与企业薪酬变动的非对称性［J］. 经济研究，2011（4）：107-120.

［17］付俊文，赵红. 利益相关者理论综述［J］. 首都经济贸易大学学报，2006（2）：16-21.

［18］黄贵海，宋敏. 资本结构的决定因素——来自中国的证据［J］. 经济学，2004（1）：395-413.

［19］贾生华，陈宏辉. 利益相关者的界定方法述评［J］. 外国经济与管理，2002（5）：13-18.

［20］ 姜付秀，黄继承. 经理激励、负债与企业价值［J］. 经济研究，2011（5）：46–60.

［21］ 蒋春燕，赵曙明. 知识型员工流动的特点、原因与对策［J］. 中国软科学，2001（2）：85–88.

［22］ 黎文靖，胡玉明. 国企内部薪酬差距激励了谁［J］. 经济研究，2012（12）：125–136.

［23］ 李国平，韦晓茜. 企业社会责任内涵、度量与经济后果——基于国外企业社会责任理论的研究综述［J］. 会计研究，2014（8）：33–40.

［24］ 李向民，任宇石. 当代企业员工离职及影响因素探析［J］. 中央财经大学学报，2007（4）：65–70.

［25］ 林曦. 弗里曼利益相关者理论［J］. 商业研究，2010（8）：66–70.

［26］ 林毅夫，李志赟. 政策性负担、道德风险与预算软约束［J］. 经济研究，2004（2）：17–27.

［27］ 刘慧龙，张敏，王亚平，吴联生. 政治关联、薪酬激励与员工配置效率［J］. 经济研究，2010（9）：109–121.

［28］ 刘精明. 市场化与国家规制——转型期城镇劳动力市场中的收入分配［J］. 中国社会科学，2006（5）：110–124.

［29］ 刘渝林，梅斌. 行业垄断与职工工资收入研究——基于中国上市公司数据的分析［J］. 中国人口科学，2012（1）：51–59.

［30］ 刘智强，廖建桥，李震. 员工自愿离职倾向关键性影响因素分析［J］. 管理工程学报，2006（4）：142–145.

［31］ 鲁小东，焦捷，朱世武. 普通员工薪酬、公司规模与

成长性——来自中国上市公司面板数据的经验证据［J］. 清华大学学报（自然科学版），2011（12）：1908-1916.

［32］陆庆平. 以企业价值最大化为导向的企业绩效评价体系——基于利益相关者理论［J］. 会计研究，2006（3）：56-62.

［33］陆正飞，王雄元，张鹏. 国有企业支付了更高的职工工资吗［J］. 经济研究，2012（3）：28-39.

［34］吕帅，纪建悦，刘晓丽. 利益相关者企业价值理论根源、内涵及研究思路探讨［J］. 中国海洋大学学报（社会科学版），2008（6）：92-94.

［35］吕长江，赵宇恒. 国有企业管理者激励效应研究——基于管理者权力的解释［J］. 管理世界，2008（11）：99-109.

［36］梅斌. 我国上市公司职工薪酬：发现和启示［J］. 中国乡镇企业会计，2012（2）：165-168.

［37］倪昌红，张洁慧. 员工离职对企业绩效的影响——研究述评与一个解决路径［J］. 石家庄经济学院学报，2015（6）：74-83.

［38］倪飞. 公司治理与普通职工薪酬的实证研究——基于 Malmquist 指数法的 DEA 效率模型［J］. 贵州财经大学学报，2013（6）：71-80.

［39］钱爱民，郁智，步丹璐. 结果公平还是过程公平？——基于薪酬激励对员工离职的实证分析［J］. 经济与管理研究，2014（9）：101-109.

［40］秦江萍，谢江桦. 个人收入分配制度的改革与创新——科技人才参与企业收益分配［J］. 会计研究，2004（4）：65-68.

[41] 权小锋，吴世农，文芳. 管理层权力、私有收益与薪酬操纵 [J]. 经济研究，2010 (11)：73-87.

[42] 盛明泉，张敏，马黎珺，李昊. 国有产权、预算软约束与资本结构动态调整 [J]. 管理世界，2012 (3)：151-157.

[43] 时勘，杨化冬，卢嘉. 高科技企业人员离职行为的预测模型及对策研究 [J]. 中国人才学会人事管理研究，2000 年年会论文集，2001 (8)：18-21.

[44] 苏冬蔚，曾海舰. 宏观经济因素与公司资本结构变动 [J]. 经济研究，2009 (12)：50-65.

[45] 田侃，李泽广，陈宇峰. "次优"债务契约的治理绩效研究 [J]. 经济研究，2010 (8)：90-102.

[46] 田利辉. 国有产权、预算软约束和中国上市公司杠杆治理 [J]. 管理世界，2005 (7)：123-147.

[47] 王雄元，何捷，彭旋，王鹏. 权力型国有企业高管支付了更高的职工薪酬吗 [J]. 会计研究，2014 (1)：49-56.

[48] 王永乐，吴继忠. 中华文化背景下薪酬差距对我国企业绩效的影响——兼对锦标赛理论和行为理论适用对象的确认 [J]. 当代财经，2011 (9)：59-64.

[49] 王志强，张玮婷，顾劲尔. 资本结构、管理层防御与上市公司高管薪酬水平 [J]. 会计研究，2011 (2)：72-79.

[50] 魏江茹. 高科技企业知识型员工离职意愿的实证分析 [J]. 科技进步与对策，2009 (10)：177-179.

[51] 夏宁，董艳. 高管薪酬、员工薪酬与公司的成长性——基于中国中小上市公司的经验数据 [J]. 会计研究，2014 (9)：89-95.

[52] 肖丕楚，张成君. CEO 权责配置与公司治理结构优化 [J]. 经济与管理，2003（4）：35–40.

[53] 谢晋宇，王英. 企业雇员流失分析模型介评 [J]. 外国经济与管理，1999（5）：21–24.

[54] 邢春冰. 不同所有制企业的工资决定机制考察 [J]. 经济研究，2005（6）：16–26.

[55] 邢春冰. 经济转型与不同所有制部门的工资决定——从"下海"到"下岗" [J]. 管理世界，2007（6）：23–37.

[56] 杨瑞龙，周业安. 论利益相关者合作逻辑下的企业共同治理机制 [J]. 中国工业经济，1998（1）：38–45.

[57] 姚洋，章奇. 中国工业企业技术效率分析 [J]. 经济研究，2001（10）：13–19.

[58] 叶林祥，李实，罗楚亮. 行业垄断、所有制与企业工资收入差距——基于第一次全国经济普查企业数据的实证研究 [J]. 管理世界，2011（4）：26–36.

[59] 叶仁荪，王玉芹，林泽炎. 工作满意度组织承诺对国企员工离职影响的实证研究 [J]. 管理世界，2005（3）：122–125.

[60] 张车伟. 中国劳动报酬份额变动与总体工资水平估算及分析 [J]. 经济学动态，2012（9）：10–19.

[61] 张车伟，薛欣欣. 国有部门与非国有部门工资差异及人力资本贡献 [J]. 经济研究，2008（4）：15–25.

[62] 张杰，黄泰岩. 中国企业的工资变化趋势与决定机制研究 [J]. 中国工业经济，2010（3）：42–53.

[63] 张蕾. 制造业升级中提高产业工人技能问题研究 [J].

继续教育研究，2012（6）：22-24.

［64］张伶，张正堂. 内在激励因素、工作态度与知识员工工作绩效［J］. 经济管理，2008（16）：39-45.

［65］张勉，张德，李树茁. IT 企业技术员工离职意图路径模型实证研究［J］. 南开管理评论，2003（4）：12-20.

［66］张言彩，韩玉启. 国外员工离职研究文献描述性分析及综述［J］. 技术经济，2007（8）：73-77.

［67］张兆国，刘晓霞，张庆. 企业社会责任与财务管理变革——基于利益相关者理论的研究［J］. 会计研究，2009（30）：54-59.

［68］张正堂. 企业内部薪酬差距对组织未来绩效影响的实证研究［J］. 会计研究，2008（9）：81-87.

［69］张正堂，李欣. 高层管理团队核心成员薪酬差距与企业绩效的关系［J］. 经济管理，2007（2）：16-25.

［70］张正堂，赵曙明. 欠发达地区企业知识员工异地离职动因的实证研究：以苏北地区为例［J］. 管理世界，2007（8）：95-115.

［71］赵曙明. 人力资源与核心竞争力关系论［J］. 现代经济探讨，2002（12）：16-19.

［72］赵西萍，刘玲，张长征. 员工离职倾向影响因素的多变量分析［J］. 中国软科学，2003（3）：71-74.

［73］Abowd，J.，Ashenfelter，O. Anticipated unemployment，temporary layoffs，and compensating wage differentials. In：Rosen，S.（Ed.）Studies in Labor Markets［M］. University of Chicago Press，Chicago，1981.

[74] Agrawal, A. K., Matsa, D. A. Labor Unemployment Risk and Corporate Financing Decisions [D]. Working Paper of New York University and Northwestern University, 2011.

[75] Akerlof, George A. Labor Contracts as Partial Gift Exchange [J]. Quarterly Journal of Economics, 1982 (97): 543-569.

[76] Alexander J. A., et al. Nursing turnover and hospital efficiency: An organization-level analysis[J]. Industrial Relations: A Journal of Economy and Society, 1994, 33 (4): 505-520.

[77] Ali C., Akyol B., Patrick Verwijmeren Ali C., et al. Human capital costs, firm leverage, and unemployment rates [J]. Journal of Finanancial Intermediation, 2013 (22): 464-481.

[78] Altman, E. Financial ratios, discriminant analysis and the prediction of corporate bankruptcy [J]. Journal of Finance, 1968 (1): 189-209.

[79] Armen Hovakimian, Guangzhong Li. Large Sample Evidence on Capital Structure and Employee Wages [D]. Working Paper, 2011.

[80] Anderson, M., Banker, R. and Ravindran, S. Executive compensation in the information technology industry [J]. Management Science, 2000 (46): 530-547.

[81] Aoki, M. Co-operative game theory of the firm [M]. Oxford University Press & Clarendon Press, 1984.

[82] Bae, K., Kang, J. and Wang, J. Employee treatment and firm leverage ratio: A test of the stakeholder theory of capital

structure [J]. Journal of Financial Economics, 2011, 100 (1): 130-153.

[83] Battr. Managing customer services: Human resource practices, quit rates, and sales growth [J]. Academy of Management Journal, 2002, 45 (3): 587-597.

[84] Bebchuk, L. A., Fried, J. M. Pay without Performance: Overview of the Issues [D]. Working Paper of Harvard University, 2004.

[85] Bebchuk L., Fried J. and Walker D. Managerial Power and Rent Extraction in the Design of Executive Compensation [J]. The University of Chicago Law Review, 2002, 69 (3): 751-846.

[86] Becker G. S. Human capital: A theoretical and empirical analysis, with special reference to education [M]. Chicago: Chicago University Press, 2009.

[87] Berk, J. B., Stanton, R. and Zechner, J. Human capital, bankruptcy, and capital structure[J]. Journal of Finance, 2010 (65): 891-926.

[88] Blair M. M. Ownership and control: Rethinking corporate govemance for the 21 century [M]. The Broking Institution, Washington D. C., 1995.

[89] Brown C., Medoff J. Trade-unions in production process [J]. Journal of Political Economy, 1978, 86 (3): 355-378.

[90] Calomiris, C., Orphanides, A. and Sharpe, S. Leverage ratio as a state variable for employment, inventory accumulation, and fixed investment [M]. Board of Governors of the Federal

Reserve system Finance and Economics Discussion Series, 1994.

[91] Cao, Qing, Likoebe M. Maruping and Riki Takeuchi. Disentangling the effects of CEO turnover and succession on organizational capabilities: A social network perspective [J]. Organization Science, 2006, 5 (9-10): 563-576.

[92] Chemmanur, T. J., Cheng, Y., Zhang, T. Capital structure and employee pay: An empirical analysis [J]. Working Paper of Boston College, Florida State University, 2010.

[93] Cowherd, D. M., Levine, D. I. I. Product quality and pay equity between lower-level employees and top management: An investigation of distributive justice theory [J]. Administrative Science Quarterly, 1992, 37 (2): 302-320.

[94] Cronqvist, Henrik, Fredrik Heyman, Mattias Nilsson, Helena Svaleryd, and Jonas Vlachos. Do Entrenched Managers Pay Their Workers More[J]. Journal of Finance, 2009, 1 (2): 309-339.

[95] Crossman, S., Hart, O. The costs and benefits of ownership: A theory of vertieal and lateral integration [J]. Journal of Political Economy, 1986 (94): 691-719.

[96] Dalton D. R., Todor W. D. Manifest needs of stewards: Propensity to file a grievance [J]. Journal of Applied Psychology, 1979, 64 (6): 654.

[97] De Angelo, H., R. Masulis. Optimal Capital Struc-ture under Corporate and Personal Taxation [J]. Journal of Financial Economics, 1980 (80): 3-29.

[98] Detert J. R., et al. Managersial modes of influence and counter productivity in organizations: A longitudinal buiness-unit-level investigation [J]. Journal of Applied Psychology, 2007, 92 (4): 993-1005.

[99] Dewenter, K. L., P. H. Malatesta. State-owned and Privately Owned Firms: An Empirical Analysis of Profitability, Leverage, and Labor Intensity[J]. The American Economic Association, 2001, 1 (1): 320-334.

[100] Dong, Xiao Yuan and P. Bowles. Segmentation and Discrimination in China's emerging industrial labor market [J]. China Economic Review, 2002, 1 (13): 170-196.

[101] Fernie S., Met Calf D. It's not what you pay it's the way that you pay it and that's what gets results: Jockeys's pay and performance [J]. Labour, 1999, 13 (2): 385-411.

[102] Finkelstein, S. Power in Top Management Teams: Dimensions, measurement, and validation [J]. Academy of Management Journal, 1992 (35): 505-538.

[103] Firth M., P. Fung and O. Rui. Corporate performance and CEO compensation in China[J]. Journal of Corporate Finance, 2006 (12): 693-714.

[104] Fox, J. T. Firm-size wage gaps, job responsibility, and hierarchical matching [J]. Labor Econ, 2009 (27): 83-126.

[105] Freeman, R. Edward. Strategic Management: A Stakeholder Approach [M]. Pitman Publishing Inc., 1984.

[106] Graham, J., Harvey, C. The Theory and Practice of

Corporate Finance: Evidence from the Field [J]. Journal of Financial Economics, 2001 (60): 187-243.

[107] Graham, J. How big are the tax benefits of debt? [J]. Finan, 2000 (55): 1901-1941.

[108] Graham, J., Lemmon, M. and Schallheim, J. Debt, leases, taxes, and the endogeneity of corporate tax status [J]. Journal of Finance, 1998 (53): 131-162.

[109] Greenberg, Jerald. Stealing in the name of justice: Informational and interpersonal moderators of theft reactions to under payment inequity [J]. Organizational Behavior and Human Decision Processes, 1993, 54 (1): 81-103.

[110] Griffeth, R. W., Hom, P. W. and Gaertner., S. A Meta-analysis of Antecedents and Correlates of Employee Turnover: Update, Moderator Tests and Research Implications for the Next Millennium [J]. Journal of Management, 2000, 26 (3): 463-483.

[111] Grossman, S., Hart, O. Corporate financial structure and managerial incentives. In: McCall [J]. (Ed.) The Economics of Information and Uncertainty. University of Chicago Press, Chicago, 1982 (1): 107-137.

[112] Hanka, G. Debt and the terms of employment [J]. Journal of Financial Economics, 1998 (48): 245-282.

[113] Harford J., Klasa S. and Walcott N. Do Firms Have Leverage Targets? Evidence from Acquisitions [J]. Journal of Financial Economics, 2009 (93): 1-14.

[114] Hart, O., More, J. Property rights and the nature of

the firm [J]. Journal of Political Economy, 1990 (95): 1129-1155.

[115] Hausknecht J. P., et al. Unit-level voluntary turnover rates and customer service quality: Implications of group cohesiveness, newcomer concentration, and size [J]. Journal of Applied Psychology, 2009, 94 (4): 1068-1075.

[116] Heckman, J. Sample selection bias as a specification error [J]. Econometrica, 1979 (47): 153-161.

[117] Hom, P. W., Griffeth, R. W. A Structural Equations Modeling Test of a Turnover Theory: Cross-sectional and Longitudinal Analysis [J]. Journal of Applied Psychology, 1991 (76): 350-366.

[118] Jensen M. C., Meckling W. H. Theory of the Firm: Managerial Behavior, Agency Costs, and Ownership Structure [M]. Springer Netherlands, 1996.

[119] Jensen, M. Agency costs of free cash flow, corporate finance, and takeovers[J]. American Economic Review, 1986, 76 (2): 323-329.

[120] Jensen, M., W. Meckling. Theory of the Firm: Managerial behavior, agency costs and ownership structure [J]. Journal of Financial Economics, 1976 (3): 305-360.

[121] Kacmar, K. M., et al. Sure everyone can be replaced... But at what cost? Turnover as a predictor of unit-level performance [J]. Academy of Management Journal, 2006, 49 (1): 133-144.

[122] Kraus, A., R., Litzenberger. A State -performance

Model of Optimal Financial Leverage[J]. Journal of Finance, 1973 (28): 911-922.

[123] Lambert R., Leuz C. and Verrecchia R. E. Accounting Information, Disclosure, and the Cost of Capital [J]. Journal of Accounting Research, 2007, 45 (2): 385-420.

[124] Lenoard J. S. Carrots and Sticks: Pay, Supervision, and Turnover[J]. Journal of Labor Economics, 1987, 5 (4): 2-3.

[125] Lewis, W. A. Economic Development with Unlimited Supplies of Labour [J]. The Manchester School of Economic and Social Studies, 1954 (22): 139-191, Reprinted in A.N. Agarwala and S.P. Singh (eds.) The Economics of Underdevelopment [M]. Bombay: Oxford University Press, 1958.

[126] Lööf, H. Dynamic optimal capital structure and technical change [J]. Structural Change and Economic Dynamics, 2004 (15): 449-468.

[127] Maksimovic, V., Titman, S. Financial policy and reputation for product quality [J]. Rev. Finan. Stud. 1991 (4): 175-200.

[128] March, J .G. "Power of Power", in D. Eston (ed.), Varieties of Political Theory [M]. Prentice Hall Press, 1996.

[129] Marsden D., Richardson R. Performing for Pay? The Effects of " Merit Pay'on Motivation in a Public Service" [J]. British Journal of Industrial Relations, 1994, 32 (2): 243-261.

[130] Matsa, D. Capital structure as a strategic variable: Evidence from collective bargaining [J]. Journal of Finance, 2010

(65): 1197-1232.

[131] Meng, Xin. Labor Market Reform in China [M]. Cambridge University Press, 2000.

[132] Michael L B. Stakeholder Influence Capacity and the Variability of Financial Returns to Corporate Social Responsibility [J]. Academy of Management Review, 2005 (12): 7-14.

[133] Michelacci, Claudio and Vincenzo Quadrini. Borrowing from employee: Wage dynamics with financial constraints [J]. Journal of the European Economic Association, 2005, 3 (2-3): 360-369.

[134] Miller, Merton H. The Modigliani-Miller Propositions after Thirty Years [J]. Journal of Economic Perspectives, 1998 (2): 99-120.

[135] Mobley, W. H. Intermediate linkage in the relationship between job satisfaction and employee turnover [J]. Journal of Applied Psycho logy, 1977, 62 (2): 237-240.

[136] Modigliani, F., Miller, M. The cost of capital, corporation finance and the theory of investment [J]. American Economic Review, 1958 (58): 261-297.

[137] Modigliani F., M. Miller. Corporate Income taxes and the cost of capital [J]. American Economic Review, 1963 (53): 433-443.

[138] Morck R., Shleifer A. and Vishny R. W. Alternative Mechanisms for Corporate Control [J]. American Economic Review, 1989, 79 (4): 842-852.

[139] Myers S. C., Majluf, N. S. Corporate Financing and investment decisions when firms have Information that investors do not have[J]. Journal of Financial Economics, 1984, 13 (2): 187-221.

[140] Myers S. C. The Capital Structure Puzzle [J]. The Journal of Finance, 1984, 39 (3): 574-592.

[141] Myers, S. Determinants of corporate borrowing [J]. Journal of Financial Economics, 1977 (5): 147-176.

[142] Pagano, M., P. Volpin. Managers, Workers, and Corporate Control [J]. Journal of Finance, 2005 (60): 843-870.

[143] Perotti, E., Spier, K. Capital structure as a bargaining tool: The role of leverage in contract renegotiation [J]. American Economic Review, 1993 (83): 1131-1141.

[144] Pfeffer, J., Langton, N. The effect of wage dispersion on satisfaction, productivit, and working collaboratively: Evidence from college and university faculty [J]. Administrative Science Quarterly, 1993, 38 (3): 382-407.

[145] Porter L, Steers R. Organizational, Work and personal factors in employee turnover and absenteeism [J]. Psychological Bulletin, 1973, 80 (2): 151-176.

[146] Price J L. Handbook of organizaional mesurement [J]. International Journal of Man Power, 1997, 18 (4-6): 301-558.

[147] Rajan, R., L. Zingales. What Do We Know about Capital Structure? Some Evidence from International Data [J]. Journal of Finance, 1995 (50): 1421-1460.

[148] Romer, David. A dvanced macroeconomics [M]. New York: McGraw-Hill, 1996.

[149] Scott, J. H. A theory of optimal capital structure [J]. Bell Journal of Economics, 1976 (7): 33-54.

[150] Shapio C., Stiglitz J. Equilibrium unemployment as a worker discipline device [J]. American Economic Review, 1984 (74): 433-444.

[151] Stiglitz J. E., Weiss A. Credit Rationing in Markets with Imperfect Information[J]. Journal American Economic Review, 1981, 71 (3): 393-410.

[152] Stulz R. M. Managerial Discretion and Optimal Financing Policies [J]. Journal of Financial Economics, 1990, 26 (1): 3-27.

[153] Thomas J. Chemmanur, Yingmei Cheng, Tianming Zhang. Human Capital, Capital Structure, and Employee Pay: An empirical analysis [J]. Journal of Financial Economics, 2013 (110): 478-502.

[154] Titman, S. The effect of capital structure on a firm's liquidation decision [J]. Journal of Economics, 1984 (13): 1-19.

[155] Titman, S., Wessels, R. The determinants of capital structure choice [J]. Journal of Finance, 1988 (43): 1-19.

[156] Tom A. Stakeholder versus Shareholder Satisfaction in Corporate Risk Management [D]. EFMA 2004 Basel Meetings Paper, 2004.

[157] White, Gordon. Chinese Trade Unions in the Transi-

tion from Socialism: Towards Corporatism or Civil Society? British Journal of Industrial Relations, 1996 (34): 433-457.

[158] Williams, N. Seniority, experience, and wages in the UK [J]. Labour Econ, 2009 (16): 272-283.

后　记

人生总是在不断地向下一个目标行进。

历时四年，博士阶段的学习终于进入尾声，当博士学位论文最终定稿即将付梓印刷的之际，涌上心头的是大功告成的欣喜与如释重负的解脱。读博士是一个艰苦的历程，与四年来时刻萦绕心头且日益增大的毕业压力比起来，入学考试的准备简直不值一提——博士录取仅仅是一个开始，艰苦的行程才刚刚拉开序幕。知识断层、年龄偏大、家庭责任，使持续学习异常艰苦，畏难情绪如影随形，也曾经不止一次涌起过当“逃兵”的念头。如今回头品评，庆幸的是自己终于坚持到了最后。

在求学的道路上，既没有坦途，也没有捷径，唯有潜移默化，厚积薄发。在博士阶段的学习中，尤其在博士学位论文的准备和撰写过程中，对于学术研究的敬畏之心已然根深蒂固。选题、开题、预答辩、正式答辩，一关关走来，一步步接近，不断地质疑和批驳后是一次次完善和提高，这一过程漫长又煎熬，而唯如此，才让自己对最后收获到的果实怀有无比敬畏和欣喜的情怀。四年之中，我不仅在专业基本理论和研究方法方面有了不小的提升，而且在逻辑构建和思辨能力上获得了很大的锻炼，在心理承受和情绪控制上的能力也大大加强。生命自此开启一个新的状态，作别戾气和急躁，重拾谦虚、严谨、平和、尊重，以及终身学习的态度和能力。

饮水思源，感谢中央财经大学给予了我知识的滋养，感谢我的导师祁怀锦教授给予我的殷切指导和关怀，感谢刘红霞教授、廖冠民教授给予我论文建设性的指导意见，在你们身上，我感受到了渊博的知识积累及亲和的人格魅力。真诚感谢中央财经大学会计学院每一位给我们授课和提供帮助的老师，你们严谨治学的师者风范让人肃然起敬、受益终生。

感谢我的父母在生活和精神上给予我的大力支持，感谢我的爱人在四年中对我坏脾气的隐忍与包容，感谢我的女儿对一个经常缺位母亲的宽容与接纳，亲人的关爱永远是我奋进的动力。

感谢四年同窗的同学，感谢在校园里结识和相知的师妹，感谢朝夕相处的室友，你们在艰难时刻给予我的帮助与鼓励弥足珍贵，愿友谊地久天长。

博士学位的获得只是终身学习过程中的阶段性成果，选择了学术的道路便意味着不断的思考和进取。生活不只是博士和学位，还有家和远方的世界，感恩，前行！